dtv

Immer mehr Frauen wollen einen neuen Weg der inneren Freiheit gehen, trauen ihrem Frausein etwas zu und beginnen, sie selbst zu sein – mit allem, was dazugehört. Anhand 14 biblischer Archetypen stellen Linda Jarosch und Anselm Grün Eigenschaften dar, die jede Frau in sich trägt. In diesen biblischen Frauenbildern geht es um Kräfte und Erfahrungen, die jede Frau durchlebt. Die Autoren erörtern, wie Leidenschaft und Liebe, Wildheit und Königtum, Mütterlichkeit und Priestertum, Weisheit, Gerechtigkeitssinn sowie Milde und Kampfgeist im Leben heutiger Frauen aussehen können. Und sie ermutigen die Leserinnen, diese Eigenschaften zuzulassen. Denn Frauen, die ihre Individualität genießen können, werden unabhängiger und stärker. Sie sind nicht mehr die Prinzessin, die auf ihren Prinzen wartet, sondern die Königin in ihrem eigenen Leben.

Anselm Grün, geboren 1945, ist Benediktinermönch und Autor zahlreicher Bestseller. Der Cellerar der Abtei Münsterschwarzach wird von vielen als geistlicher Berater geschätzt und gehört zu den meistgelesenen christlichen Gegenwartsautoren.
Linda Jarosch, geboren 1947, arbeitet als Bildungsreferentin und berät Frauen in unterschiedlichen Lebenssituationen. Sie ist eine Schwester von Anselm Grün.

Anselm Grün
Linda Jarosch

Königin und wilde Frau

Lebe, was du bist!

Deutscher Taschenbuch Verlag

Von Anselm Grün
sind im Deutschen Taschenbuch Verlag
erschienen:

Menschen führen – Leben wecken (34277)
Damit dein Leben Freiheit atmet (34392)
Ich wünsch dir einen Freund (34441)
Du bist ein Segen (34474)
Leben und Beruf (34534)
Die Zehn Gebote (34555)
Die hohe Kunst des Älterwerdens (34624)

Ausführliche Informationen über
unsere Autoren und Bücher
finden Sie auf unserer Website
www.dtv.de

Ungekürzte Ausgabe 2010
3. Auflage 2010
Deutscher Taschenbuch Verlag GmbH & Co. KG,
München
© 2004 Vier-Türme GmbH, Verlag,
97359 Münsterschwarzach Abtei
Alle Rechte vorbehalten.
Umschlagkonzept: Balk & Brumshagen
Umschlagfoto: Picture Press/Werner Bokelberg
Satz: Filmsatz Schröter GmbH, München
Druck und Bindung: Druckerei C. H. Beck, Nördlingen
Gedruckt auf säurefreiem, chlorfrei gebleichtem Papier
Printed in Germany · ISBN 978-3-423-34585-9

Inhalt

Einleitung 7

Archetypen der Frau

Debora – Die Richterin 13
Esther – Die Königin 25
Eva – Die Mutter 39
Hagar – Die Verlassene und vom Engel Geschützte 55
Hanna – Die weise Frau 67
Judit – Die Kämpferin.............................. 75
Lydia – Die priesterliche Frau 87
Maria Magdalena – Die leidenschaftlich Liebende 95
Maria – Die Wandlerin 109
Marta und Maria – Die Gastgeberin und die Künstlerin .. 123
Mirjam – Die Prophetin 131
Rut – Die Fremde 139
Sara – Die Lachende 147
Tamar – Die wilde Frau 159

Nachwort 175

Literatur 181

Einleitung

P. Anselm Grün
Welche Frau fühlt sich schon wie eine Königin? Und wie viele würden sich gar als wilde Frauen bezeichnen? Königin und wilde Frau – zahlreiche Frauen spüren zwar die Faszination dieser Bilder, doch leider erlauben sich die wenigsten diese Facetten ihrer Weiblichkeit. Was viele Frauen heute bewegt, ist vor allem die Sehnsucht nach Freiheit und Unabhängigkeit. Sie sind auf der Suche nach dem Potential, das in ihnen steckt. Sie möchten sich nicht vom Beruf bestimmen lassen, aber auch nicht von den Erwartungen von Mann und Kindern. Moderne Frauen möchten ihr eigenes Leben leben. Sie möchten entdecken, wozu sie fähig sind, wenn sie sich nicht von den Erwartungen anderer her definieren, sondern aus ihrer eigenen Kraft. Zugleich leiden sie oft daran, daß sie sich unverstanden und allein gelassen fühlen auf ihrem Weg der »Frauwerdung«.

Linda Jarosch
Bei einem internationalen Frauentag, an dem auch einige afrikanische Frauen teilnahmen, meinten diese, daß sie als einzelne Frauen nicht so stark seien wie die deutschen Frauen, aber aus ihrem Miteinander viel Stärke ziehen könnten. Zudem erzählten sie von ihrem Eindruck, daß die meisten Frauen in Deutschland unzufrieden seien. Tatsächlich haben sich viele Frauen heute auf den Weg gemacht, um aus ihrer Opferrolle und der ihnen oft anerzogenen Selbstentwertung auszubrechen, die zu genau dieser sogar nach außen hin sichtbaren Unzufriedenheit führen. Sie trauen ihrem Frausein jetzt etwas zu. Sie

hören auf, immer nur die Männer für ihre eigene Misere verantwortlich zu machen. Sie söhnen sich aus mit den Wunden, die ihnen das Leben geschlagen hat, und gehen einen Weg der inneren Freiheit

Weil sie sich selbst achten und sich in ihrem Frausein wertschätzen, lassen sich diese Frauen nun nicht mehr durch abwertende Bemerkungen kleinmachen. Sie wissen um ihren weiblichen Wert, und das gibt ihnen Freude an ihrem Frausein und führt sie zu neuer Leichtigkeit. So beginnen viele Frauen nun, selbst zu leben. Wenn Frauen zusammenkommen, können sie miteinander weinen, aber noch viel lieber lachen sie herzhaft miteinander. In diesem Lachen steckt Kraft. Da spüren die Frauen, daß sie aus sich selbst leben können und keine Lust mehr haben, nur über die anderen zu jammern, die sie daran hindern, wirklich zu leben.

Die feministische Bewegung der siebziger Jahre hat vor allem um die Gleichberechtigung der Frau gekämpft. Dabei war es wichtig, alte Klischees der Frauenrolle zurückzuweisen. Jedoch geriet man in Gefahr, die Frau dem Mann anzupassen, anstatt die Eigenheit und das Anderssein der Frau zu betonen. Heute geht es der feministischen Bewegung mehr darum, zwar gleiche Rechte für die Frau zu fordern, aber zugleich auch das Anderssein der Frau herauszustellen. Schon rein biologisch hat die Frau andere Seiten entwickelt als der Mann. Gerade im Anderssein von Mann und Frau liegt ja auch das besondere Potential. Dabei geht es nicht darum, die Frau auf ein bestimmtes Bild festzulegen.

Nobert Bischof und seine Frau Doris Bischof-Köhler, beide Professoren an der Universität Zürich, haben, ausgehend von der Biologie und Entwicklungspsychologie, dargestellt, daß Frauen schon von Urzeiten an in bezug auf Sexualität, Fortpflanzung, Erziehung der Kinder und Nahrungsbeschaffung andere Verhaltensweisen entwickelt haben als die Männer. Und was die Biologie in unser Wesen eingeschrieben hat, läßt sich nicht einfach auslöschen.

Das soziologische Argument, daß das Anderssein von Mann und Frau nur durch die Erziehung bedingt ist, stimmt so nicht. So bestehen beispielsweise Unterschiede in der Einstellung der Geschlechter zu Erfolg und Mißerfolg schon in der Kindheit: »Jungen neigen dazu, Erfolg im wesentlichen als Resultat der eigenen Kompetenz zu verbuchen. Mißerfolge dagegen auf Pech oder äußere Umstände zurückzuführen. Bei Mädchen besteht die Tendenz, sich bei Mißerfolg selbst die Schuld zu geben, während Erfolg nicht als Resultat des eigenen Könnens, sondern als ›Glück gehabt‹ erlebt wird.« (Bischof, S. 113) Gleiche Behandlung von Männern und Frauen führt nach Bischof darum eher zur Benachteiligung der Frauen. Denn die Leistung ist immer noch nach männlichen Maßstäben definiert. »Wirkliche Gleichberechtigung dagegen läßt sich nur erreichen, wenn man die Unterschiede ernst nimmt und in der Sozialisation ganz gezielt den Stärken und Schwächen jedes Geschlechts Rechnung trägt.« (Bischof, S. 115)

Gleichmacherei dagegen führt zur Langeweile. Die Unterschiedlichkeit von Mann und Frau erzeugt ja gerade eine Spannung, die beiden ihre ureigene Energie schenkt und sie gegenseitig inspiriert. Ihre Verschiedenheit bedeutet Fülle und Reichtum, sie ist die Grundvoraussetzung für lebendige Beziehungen. Was Frauen heute brauchen, ist nicht Gleichbehandlung, sondern Mut zu sich selbst. Sie sollten ihre Wertmaßstäbe nicht nach dem Männlichkeitsideal ausrichten, sondern ihre eigene Identität finden. Sie sollten ihren eigenen, typisch weiblichen Stil aufwerten. Erst dann haben die Frauen gleiche Chancen wie die Männer.

Im Buch »Kämpfen und Lieben«, dem analogen Werk für Männer, sind 18 archetypische Bilder mit biblischen Männergestalten verbunden worden. Die meisten Archetypen treffen für Männer wie für Frauen zu, auch wenn Frauen sie anders mit

Leben füllen. Auch in diesem Buch möchten wir uns daher auf archetypische Bilder für die Frau beziehen und sie nun mit einer biblischen Frauengestalt verbinden. Dabei geht es uns nicht um die Erforschung der Bibelstellen und ihres Hintergrunds, sondern um die Entfaltung des archetypischen Bilds, das wir in der biblischen Gestalt entdecken.

Heute werden häufig negative Bilder für Frauen hochstilisiert. Da wird die »Zicke« gepriesen, die besser lebt. Die Furie wird als Vorbild hingestellt. Manche Frauen bezeichnen sich als moderne Hexe und sind stolz auf diesen Titel. Selbst eine Prostituierte wird als Vorbild der Freiheit von allen gesellschaftlichen Normen auf einmal positiv gesehen. Gegenüber dieser Verfälschung archetypischer Bilder möchten wir, ausgehend von den biblischen Frauengestalten, diese Bilder zurechtrücken. Archetypische Bilder haben auch eine reinigende Kraft. So steckt in den negativen Bildern, die die Medien heute als Vorbild hinstellen, immer auch ein Stück Wahrheit. Aber es bedarf der Läuterung durch den Archetyp, damit die eigentliche Bedeutung und Kraft der Bilder sichtbar werden.

Eine griechische Autorin hat einmal sieben archetypische Bilder für die Frau beschrieben: die Liebende, die Mütterliche, die Priesterin, die Künstlerin, die Kämpferin, die Königin und die wilde Frau. Wir haben in ähnlicher Weise 14 Archetypen ausgewählt und sie mit den biblischen Frauengestalten in Bezug gesetzt. 14 ist seit jeher eine heilende Zahl. Bei den Babyloniern gab es 14 helfende Götter. Und im christlichen Bereich gibt es die 14 Nothelfer. Ebenso ist 14 eine weibliche Zahl. Sie markiert die Hälfte eines Monatszyklus, der für jede Frau eine wichtige Bedeutung hat. Wir glauben, daß in den 14 Bildern das Wesen der Frau und das Potential, das in ihr steckt, zum Ausdruck kommen.

Die hier vorgestellten 14 Bilder sollen Frauen also helfen, ihr eigenes Wesen zu entdecken und aus dem inneren Reichtum ihres Frauseins zu leben. Des weiteren sollen die Bilder Frauen den Weg weisen, die Wunden zu heilen, die ihnen falsche Frauenbilder geschlagen haben, und helfen, zu ihrer eigenen Ganzheit, zu ihrem »Heil« zu finden.

Als Titel haben wir über unser Frauenbuch die beiden archetypischen Bilder der wilden Frau und der Königin gesetzt. In diesen Bildern kommen für uns am besten die Grundeigenschaften zum Ausdruck, die eine Frau lebendig halten. Gemeinsam erzeugen sie Energie. Wenn eine Frau die wilde Frau und die Königin in sich zuläßt, dann wird sie auch alle anderen Bilder mit Kraft erfüllen, sei es das Bild der Mütterlichen, mit dem die feministische Bewegung so große Probleme hatte, oder das Bild der Liebenden, der Künstlerin oder der Prophetin.

Manchen mag der Buchtitel provozierend erscheinen. Andere mögen ihn als modische Welle abtun. Wir jedoch glauben, daß gerade die Bilder der »Königin« und der »wilden Frau« Frauen zu ihrem eigentlichen Wesen führen und sie mit dem Potential in Kontakt bringen, das in ihrer Seele bereitliegt. Uns geht es daher in diesem Buch darum, diese beiden Pole so miteinander zu verbinden, daß Sie, liebe Leserinnen, neue Lust am Leben und neue Lust an Ihrem Frausein gewinnen.

Noch ein Wort zum Werdegang dieses Buches: Es ist entstanden aus vielen Gesprächen zwischen uns Autoren. Außerdem haben wir Manuskripte und Texte benutzt, die bei verschiedenen Frauenseminaren und aus dem Hören auf das, was Frauen uns erzählt haben, entstanden sind. Wir haben unsere gemeinsamen Texte immer wieder miteinander besprochen und darüber diskutiert. Unsere gemeinsame Arbeit am Thema wird in diesem Buch auch durch die unterschiedlichen Schrifttypen, in denen die jeweils von uns einzeln verfaßten Absätze gekennzeichnet sind, nachvollziehbar. So spiegelt schon die äußere Form des Textes das Gespräch wider, das wir über ein Jahr hinweg geführt haben. Wir haben die einzelnen Frauenbilder alphabetisch nach ihren biblischen Namen angeordnet. Unseren Leserinnen möchten wir empfehlen, das Buch kapitelweise zu lesen und über die Bilder im einzelnen nachzudenken oder auch zu meditieren.

Keineswegs erheben die vorliegenden Gedanken den Anspruch, die einzig mögliche Sicht zu sein. Jede Frau wird und soll ihr persönliches Selbstverständnis entwickeln. Unser Buch will Frauen Mut machen, selbst das Gespräch mit anderen Frauen und mit den Männern zu suchen und im Gespräch zu entdecken, was ihre tiefste Identität ist. Und wir wollen Frauen Lust vermitteln, ihre eigenen Fähigkeiten und Möglichkeiten zu entfalten und dankbar zu sein für die jeweils einzigartige Weise, wie jede ihr Frausein lebt.

Linda Jarosch und P. Anselm Grün,
Münsterschwarzach

Debora – Die Richterin

Das archetypische Bild der Richterin bringt Frauen in Berührung mit ihrer Fähigkeit zu unterscheiden, was gut und was böse, was Recht und Unrecht ist. Die Richterin rückt die Verhältnisse zurecht, damit sie für alle stimmen. Sie macht das, was unstimmig geworden ist, richtig. Die Richterin richtet Gebeugte auf. Auch sie selbst ist aufrichtig und geht ebenso durchs Leben. Sie entscheidet intuitiv, was dem Menschen hilft und was ihm schadet.

Das Bild der Richterin deckt Stärken der Frau auf, die heute oft übersehen werden. In der Realität gibt es mehr Männer im Amt des Richters. Und doch ist das Richten eine wesentliche Fähigkeit der Frau.

Das Alte Testament hat den Archetyp der Richterin durch Debora beschrieben. Ihre Geschichte reicht bis in die Ursprünge des Volkes Israel hinein. Nach dem glorreichen Auszug Israels aus Ägypten und der Landnahme im Gelobten Land erlebte das Volk schon bald die harte Realität ständiger Auseinandersetzungen mit Feinden. Israel war es nicht gelungen, die fruchtbare Jesreel-Ebene für sich zu erobern. Hier herrschten die Kanaanäer. Und das starke Volk der Philister hatte viele Städte in dieser Ebene in seine Gewalt gebracht. Israel, das sich im Gebirge mit kargem Boden begnügte, wurde immer wieder von den Philistern und Kanaanäern bedrängt. Von Zeit zu Zeit berief Gott dann Helden aus dem Volk, die Israel für eine Zeitlang Frieden und Wohlstand bescherten. Diese Helden übernahmen zugleich die Funktion von Richtern. Die Leute aus ganz Israel kamen zu ihnen, um ihnen ihre Rechtsgeschäfte vorzulegen. Normalerweise sprach man in Israel Recht im Tor des Heimatorts – vor der Versammlung der Sippenältesten. (Vgl. Ohler, S. 90) Doch offensichtlich gab es auch eine überörtliche Rechtshilfe. Man ging zu Richtern, die in Israel besonderes Ansehen erworben haben, um Klarheit in seinen Rechtsfällen zu gewinnen.

So eine überörtliche Richterin war Debora. Sie war in Rechtsfragen bewandert. Es gab in Israel immer wieder Frauen, zu denen man ging, um um Rat zu fragen oder Rechtsfragen zu lösen. So eine kluge Frau hat zum Beispiel auch die Stadt Abel vor dem Heer des Feldherrn Joab gerettet. (Samuel 20,16 ff) Im Buch Samuel (2 Samuel 14) wird beschrieben, wie Joab eine weise Frau aus Tekoa zu Hilfe holt. Sie »umschreibt das Richteramt mit der Formel: ›Gutes und Böses hören wie der Engel Gottes‹ (2 Samuel 14,17)« (Ohler, S. 91). Von Debora heißt es: »Damals war Debora, eine Prophetin, die Frau des Lappidot, Richterin in Israel. Sie hatte ihren Sitz unter der Debora-Palme zwischen Rama und Bet-El im Gebirge Efraim, und die Israeliten kamen zu ihr hinauf, um sich Recht sprechen zu lassen.« (Richter 4,4f)

Männer wie Frauen kommen zu Debora, zu einer Frau, weil sie ihr zutrauen, daß sie Recht spricht, daß sie die Zusammenhänge erkennt, wenn Menschen ihr ihre Geschichten erzählen. Die Richterin ist eine Frau, die unterscheiden kann zwischen dem, was stimmt und was nicht stimmt, was Realität und was bloße Vorstellung ist, was wahr und falsch ist, was Recht und Unrecht ist und was dem Menschen gerecht wird. Debora wird auch als Mutter in Israel gepriesen. (Richter 5,7) Eine Frau, die durchblickt, die zu unterscheiden versteht, die entscheidet zwischen Recht und Unrecht, ist wie eine Mutter, an die man sich wenden kann. Sie strahlt Sicherheit und Ruhe aus.

Doch die Aufgabe Deboras beschränkt sich nicht nur darauf,

Recht zu sprechen. Sie fordert Barak auf, er solle mit 10 000 Mann gegen Sisera und seine 900 Streitwagen ziehen. Barak antwortet, er ziehe nur in den Kampf, wenn Debora mitgehe. Debora ist bereit. Nach außen hin ist es ein ziemlich hoffnungsloses Unterfangen, wenn da die schlecht ausgerüsteten Bauern Israels gegen 900 Streitwagen ziehen. Streitwagen waren Zeichen für ein hochgerüstetes Heer. Doch den Israeliten kommt ein starker Regenguß zu Hilfe, der die Streitwagen Siseras zur Umkehr zwingt. Sisera selbst flieht zu Fuß und versteckt sich im Zelt Jaels, der Frau Hebers. Sie gibt ihm Milch zu trinken. Als er eingeschlafen ist, schlägt sie ihm den Zeltpflock durch die Schläfe. Eine Frau hat den eigentlichen Sieg erfochten. Jael ist die Heldin dieses Kampfes, nicht Debora oder Barak. Doch Debora singt ein Lied über diese Schlacht. Sie deutet wiederum, was eigentlich geschehen ist. Im Lied schildert sie die hoffnungslose Situation Israels: »Es gab kein Brot an den Toren. Schild und Speer waren nicht mehr zu sehen bei den Vierzigtausend in Israel.« (Richter 5,8) Debora singt sich selbst zu: »Auf, auf Debora! Auf, auf, sing ein Lied!« (Richter 5,12) Und sie schließt ihren Gesang mit dem Preis auf Jahwe, der seine Feinde zugrunde richtet: »So gehen all deine Feinde zugrunde, Herr. Doch die, die ihn lieben, sind wie die Sonne, wenn sie aufgeht in ihrer Kraft.« (Richter 5,31)

Debora ist also nicht nur eine Richterin, sondern auch eine, die das Heer anführt, die eine Führungsaufgabe in Israel einnimmt. Sie wird nicht als Führerin gewählt. Vielmehr ergreift sie die Führung, als das Volk in Not und niemand bereit ist, den Kopf hinzuhalten. Selbst Barak, der Heerführer, hat Angst, das Heer gegen die Feinde anzuführen. Er verläßt sich auf die Frau. Debora vermittelt ihm offensichtlich die Sicherheit und Kraft, die ihm selbst abgehen.

Heute übernehmen viele Frauen in Politik und Wirtschaft, in Gesellschaft und Kirche Verantwortung. Wenn ich Führungsseminare halte, höre ich oft die Frage: Führen Frauen anders als Männer? Ich denke, Frauen haben tatsächlich einen anderen Führungsstil. Die Frage ist nicht, wer besser führen kann, ein Mann oder eine Frau. Vielmehr geht es darum, daß Männer und Frauen je auf ihre eigene Weise führen. Für den Mann ist die beherrschende Idee beim Führen das Ziel, das er ansteuert. Er möchte ein gutes Ergebnis erzielen. Seine Führung dient dazu, dieses Ziel zu erreichen. Alle Führungsinstrumente haben letztlich nur den einen Zweck: das Ergebnis zu erzielen, das er sich vorgenommen hat oder das ihm von oben vorgeschrieben wurde. Eine Frau führt anders. Ihr sind erst einmal die Beziehungen wichtig. Sie möchte, daß die Beziehungen stimmen. Dann – so weiß sie – kann man auch ein gutes Ergebnis anstreben und erreichen. Der Frau geht es um eine gesunde Unternehmenskultur, in der dann der Erfolg nicht erzielt wird, sondern heranwächst.

Wenn wir das Führungsverhalten Deboras betrachten, so wird folgendes deutlich: Debora ergreift die Initiative. Sie ist es leid, nur über die schlimmen Zustände zu jammern. Sie hat den Mut, die Wurzel des Unheils in Angriff zu nehmen. Sie zieht voraus. Doch zugleich sagt sie dem Mann, der neben ihr herzieht, voraus, daß der Ruhm des Siegs nicht ihm zuteil wird, sondern einer Frau, die mit List Sisera vernichten wird.

Die Frau, die gut führt, vermeidet jeden Machtkampf. Sie kämpft nicht nur mit Kraft, sondern mit List. List kommt ursprünglich von »leisten« und hat mit Wissen zu tun. Dieses Wissen – so weiß der Duden – bezog sich auf die Techniken der Jagdausübung und des Kampfes, auf magische Techniken und auf handwerkliche Kunstfertigkeiten. Wenn die Frau mit List kämpft, dann heißt das, daß sie hinter die Dinge sieht, daß sie ein Gespür dafür hat, wie sich ein Problem lösen läßt. Sie kann konfrontieren. Aber ihre Führungsaufgabe erschöpft sich nicht in der Konfrontation. Den eigentlichen Sieg erringt sie mit Klugheit und List, mit ihrem inneren Gespür für das, was möglich ist. Debora gibt den Einsatz zum Kampf. Sie kennt den richtigen Zeitpunkt. Sie spürt, wann es sinnvoll ist zu handeln und wann es besser ist zu warten. Es ist nicht die rohe Gewalt, mit der sie kämpft, sondern ein Ausnützen der äußeren Gegebenheiten. So atmet ihre Führung nicht verkrampfte Anstrengung und Kampflust, sondern Intuition und Klugheit – mit Phantasie und Gespür für den rechten Augenblick.

Was in der Debora-Geschichte erzählt wird, wiederholt sich heute an vielen Orten. Die Frau ist nicht nur Führungskraft, wenn sie einen Betrieb leitet, wenn sie Oberbürgermeisterin einer großen Stadt oder Ministerin geworden ist. Viele Frauen übernehmen auch in der Familie Führung. Nach außen hin ist es vielleicht der Mann, der wie Barak die Truppen anführt. Der Mann verdient oft das Geld. Er plant vielleicht auch den Bau des Hauses. Aber das Eigentliche gestaltet die Frau. Sie prägt das Klima des Hauses. Sie übernimmt die Einrichtung der Wohnung. Sie stellt die Weichen für die Kinder und erzieht die Kinder. Doch sie führt nicht gegen den Mann, sondern gemeinsam mit ihm. Es geht ihr dabei nicht um Machtausübung, sondern um die Gestaltung der Wirklichkeit. Und dafür sind Männer und Frauen gleichermaßen wichtig. Wie Debora kann eine Frau geschickt dem Mann die Aufgabe zuweisen, in der er seine Stärken hat.

Untersuchungen haben festgestellt, daß Frauen in Führungspositionen in der Wirtschaft dann am erfolgreichsten sind, wenn sie »es fertigbrachten, neben der Karriere auch ihre privaten sozialen Beziehungen reich auszubauen, häufig in Form der eigenen Familie mit Kindern« (Bischof, S. 116f.). Frauen, die in der Familie gelernt haben, mit Kindern umzugehen und sie zu erziehen, entwickeln ihre eigene Fähigkeit zu führen. Im Lateinischen haben die beiden Worte führen (ducere) und erziehen (educare) die gleiche Wurzel. Erziehen heißt, das Wesen herauszuführen, das Eigentliche Gestalt werden lassen. Frauen führen anders als Männer. Es geht ihnen nicht so sehr um Ehrgeiz und Durchsetzung, sondern darum, das Wesentliche zum Vorschein zu bringen, die Fähigkeiten der einzelnen zu fördern und zu koordinieren, den richtigen Blick zu haben für das, was der einzelne braucht, um seine Gaben einsetzen zu können.

Manche Männer beklagen sich, sie hätten eine dominante Frau. Doch die Frau ist nicht immer von sich aus dominant. Oft rufen Männer durch ihr unterwürfiges und unentschiedenes Verhalten in der Frau die dominante Seite hervor. Meistens sind es Männer, die sich von ihrer Mutter bestimmen ließen und nun in ihrer Frau das gleiche Verhalten wie bei der Mutter hervorlocken. Jede Frau braucht einen ebenbürtigen Partner, um gut führen zu können. Barak muß an Deboras Seite ziehen. Wenn sie ihren Mann hinter sich herschleppen müßte, weil der sich vor jedem Angriff fürchtet, dann würde sie in die dominante Rolle gedrängt. Eine Frau tut daher gut daran, sich vom Mann nicht in eine Rolle drängen zu lassen, sondern auf die Weise zu führen, wie es ihr entspricht. Die Debora-Geschichte zeigt, daß Debora Barak herausfordert. Sie zieht ihn nicht einfach mit, sondern sie befiehlt ihm, auszuziehen und das Heer anzuführen. Gemeinsam mit ihm leitet sie dann das Heer. Und gemeinsam mit ihm stimmt sie das Lied an, das jedoch nur unter ihrem Namen überliefert wird. Und sie preist den Herrn dafür, »daß Führer Israel führten und das Volk sich bereit zeigte«. (Richter 5,2) Alles war in einem schlimmen Zustand, »bis du dich erhobst, Debora, bis du dich erhobst, Mutter in Israel«. (Richter 5,7) Debora ist die Frau, die sich erhoben hat. Sie hat die Initiative ergriffen. Aber das Wunder ihrer Führungskunst bestand darin, daß die Führer Israels endlich bereit waren, ihrer Führungsaufgabe gerecht zu werden, daß die Männer den Mut hatten, ihren Mann zu stehen.

Debora ist ein Bild dafür, wie Frauen mit der Angst des Mannes umgehen können. Sie hat den Mann in seiner Angst wahrgenommen, aber sie hat ihn nicht geschwächt. Er darf bei ihr seine Angst zulassen, er wird nicht lächerlich gemacht damit. Das allein schafft Vertrauen. Aber Debora spürt, daß er darin nicht hängenbleiben darf, sondern handeln muß, um eine Situation zu verändern. Sonst sind es andere, die handeln und dadurch Macht über ihn bekommen. Debora hat ihm die Not vor Augen geführt, die zum Handeln zwingt. Sie hat ihn herausgefordert, über seine Angst hinauszuwachsen. Offensichtlich hat sie ihm das Vertrauen in seine eigenen Kräfte wiedergegeben, damit er als Mann handeln konnte. Sie wußte, daß es seine Bestimmung ist, Mann zu sein.

Als unser Vater zum Beispiel mit 60 Jahren mit seiner Firma noch einmal eine schwierige Situation durchzustehen hatte, war es ebenfalls unsere Mutter, die sich gegen Ohnmacht und Resignation erhob. Sie war es, die ihn aufrichtete und zu seiner Verantwortung führte zu handeln. Sie hat ihm Mut gemacht, nicht aufzugeben, sie hat ihn zu seiner Kraft geführt, diese Situation durchzukämpfen.

Es ist natürlich, daß der Mann nicht immer in seiner ganzen Kraft stehen und handeln kann. Er kennt genauso Angst und Resignation wie die Frau – es ist zutiefst menschlich. Auch er braucht Menschen, die ihn aufrichten und ihm wieder die eigenen Stärken aufzeigen. Frauen erleben Männer manchmal schwach gegenüber Vorgesetzten oder in der Beziehung zu ihrer Mutter oder ihrem Vater. Sie spüren, daß diese hier nicht ihre männliche Kraft entgegensetzen, sondern sie zurückhalten und andere damit stärker sein lassen. Wenn ein Mann als Kind die Erfahrung gemacht hat, daß seine Eltern mit Liebesverlust oder Abwertung auf seine Kraft reagiert haben, dann kann ihn diese Erfahrung auch als Erwachsener daran hindern, eine Konfrontation zu wagen. Er kann bei seinem Vorgesetzten vielleicht um seinen Arbeitsplatz bangen, bei seinen Eltern um ihre Zuneigung. Eine Frau kann aus einer anderen Distanz heraus mit ihm darüber sprechen, ob diese Angst wirklich real ist oder von einer Erfahrung herkommt, die ihn so geprägt hat. Sie kann ihm deutlich machen, was sein Nichthandeln für ihn, für seine Familie oder für andere in seinem Umfeld bedeuten kann. Diese andere Sicht kann ihm die negativen Auswirkungen seiner Schwäche aufzeigen und ihn herausfordern, als Mann zu handeln und die Situation zu verändern.

Debora, die Richterin, ist ein treffendes Bild für die Frau. Mütter sind in der Familie ständig damit beschäftigt, Richterin zu spielen. Wenn ihre Kinder streiten, dann sorgt die Mutter dafür, daß alle Kinder ihr Recht bekommen. Sie ergreift keine Partei, sondern läßt die Kinder zu Wort kommen, um zu sehen, was da abgelaufen ist. Nur wenn sie sieht, daß einem Kind Unrecht geschieht, stärkt sie es. Sie stellt sich auf die Seite der Schwächeren, um ihnen Recht zu verschaffen. Diese Fähigkeit zur Richterin hat nichts zu tun mit juristischen Spitzfindigkeiten, die heute leider oft das Recht bestimmen. Vielmehr hat die Frau ein natürliches Empfinden für das, was richtig ist, was dem Menschen gerecht wird. Die Fähigkeit zur Richterin hat jedoch nicht nur die Mutter, die sie im Umgang mit den Kindern täglich praktiziert. Vielmehr liegt es offensichtlich im Wesen der Frau. Auch bei Sitzungen, in denen Konflikte ausgetragen werden, haben Frauen oft ein feines Gespür für das, was richtig ist. Sie haben einen Sinn für Gerechtigkeit. Es geht ihnen da nicht um Rechthaben und um Sieg oder Niederlage. Vielmehr möchten sie, daß allen Gerechtigkeit widerfährt, daß alle das bekommen, was ihnen zusteht und was sie brauchen. Manchmal lassen sich Frauen in solchen Situationen von den Argumenten der Männer blenden. Sie sollten ihrer Fähigkeit zur Richterin trauen und das sagen, was sie fühlen. Es führt oft zu einer Lösung, die allen guttut.

Die Richterin ist immer dritte Person in einer Angelegenheit, die zwei Menschen oder zwei Parteien betrifft. Sie richtet jedoch nicht, sie sagt nicht: »Das ist falsch oder das ist richtig«, sondern sie erkennt, wer sich in dieser Situation mehr Recht auf Leben nimmt als der andere. Wer sich mehr nimmt, erhebt sich über den anderen, er achtet ihn nicht, er gesteht ihm nicht das gleiche Recht auf Leben zu. Genau da ist die Richterin in uns gefordert.

Wenn in Diskussionsrunden oder im privaten Kreis jemand seine Meinung zu einem Thema äußert und ein anderer läßt diese Meinung nicht stehen, sondern beurteilt sie als falsch, dann ist es die Richterin, die eingreift. Sie hört nicht einfach zu wie viele andere, sie macht den Mund auf. Sie läßt nicht zu, daß jemand dem anderen das Recht auf seine eigene Meinung nimmt. Sie richtet nicht, sie macht es vielmehr stimmig. Ihr Grundgefühl ist die Achtung vor dem anderen, vor seinem Recht auf Leben. Die Richterin spürt, wer der Schwächere ist, und steht ihm bei, sie schafft ein Gleichgewicht.

Oft erleben Frauen, daß ihnen kein Recht widerfährt. Sie kommen mit ihren Bedürfnissen nicht durch. Jesus hat im Gleichnis von der Witwe und dem gottlosen Richter so eine Frau geschildert. (Lukas 18) Sie wird von einem Feind bedrängt und geht deshalb zum Richter. Doch dem Richter fällt es gar nicht ein, für sie einzutreten. So ist die Frau auf sich allein gestellt, ohne Lobby und ohne Aussicht auf Erfolg. Doch sie ist so hartnäckig, daß sie immer wieder zum Richter geht, bis der mächtige Richter es mit der Angst zu tun bekommt. Er sagt sich, daß die Frau ihm vielleicht sogar das Auge blau schlagen könne. (Vgl. Lukas 18,5) Und so gibt er ihr nach und verschafft ihr Recht. Jesus nimmt diese tapfere Witwe als Bild für den Beter und die Beterin. Im Gebet erfahren wir Recht auf Leben. Gott ist der, der auch den rechtlosen Frauen Recht schafft. Im Gebet erfährt die Frau ihre unantastbare Würde und den inneren Raum, in dem sie Recht auf Leben hat, in dem sie niemand verletzen kann.

Auch wenn sie nach außen hin keine Chance zu haben scheint, so entwickelt sie im Gebet eine Kraft, die sie über sich hinauswachsen läßt. Sie läßt sich nicht unterkriegen. Sie spürt in sich den Raum, in dem Gott in ihr wohnt. Dort ist sie unantastbar und unverletzlich.

Frauen besitzen viel Sinn dafür, daß und wie die Schwächeren ihr Recht bekommen. Das haben sie im Umgang mit den Kindern gelernt. Gerade auch in Führungspositionen können sie dies nun zum Wohl einer Firma und der Gesellschaft einbringen. Sie haben einen Blick für die, die durch die Maschen des sozialen Netzes fallen, die vom geltenden Recht und von den herrschenden Maßstäben in der Gesellschaft benachteiligt werden. Daher ist es so wichtig, daß Frauen heute in der Politik ihre ureigensten Gaben einbringen, daß sie wie Debora gute Richterinnen sind. Dann gilt ihnen das Lob, das die Bibel auf Debora singt, die sich erhob zugunsten der Armen und daher als »Mutter in Israel« gepriesen wird. (Richter 5,7)

Anselm: *Linda, was spricht dich persönlich am Archetyp der Richterin besonders an?*

Linda: *Die Richterin ist für mich eine sehr starke Seite unseres Frauseins. Wenn wir die Kraft der Richterin stärker ausdrücken wollen, dann müssen wir in vielen Situationen aufstehen, um anderen zu ihrem Lebensrecht zu verhelfen. Es ist die Achtung vor dem anderen, vor seinem Recht auf Leben, das die Richterin als Grundhaltung in sich trägt und das mich am meisten anspricht. Daraus bezieht sie ihr Gespür für Gerechtigkeit. Wenn jemand die Meinung eines anderen als falsch bewertet und meint, nur seine sei die richtige, dann kann ich nicht anders, als mich zu rühren. Ich frage mich dann immer: »Wer hat hier das Recht, mit richtig oder falsch, mit gut oder schlecht zu urteilen, nur weil jemand andere Gedanken dazu hat oder anders empfindet?«*

Die andere Seite der Richterin, die du hier angesprochen hast, ist ihre Führungsrolle. Ich glaube, daß viele Frauen solche Positionen in dieser Art leben. Wenn eine Situation schwierig ist und andere sich davor drücken, etwas zu verändern, dann erlebe ich bei Frauen oft ungeahnte Kräfte, mit denen sie andere anführen und etwas bewegen. An diesen Frauen erlebe ich trotz der Anstrengung immer ihre Freude, die sie an dieser Kraft haben.

Esther – Die Königin

Der Archetyp der Königin läßt die Augen vieler Frauen aufleuchten. Frauen sehnen sich danach, die Königin in sich zuzulassen. Sie sind es leid, von Männern in Rollen gedrängt zu werden, die sie kleinmachen. Sie spüren, daß in ihnen eine Königin steckt. Aber oft genug ist sie in ihnen verborgen. Viele Frauen trauen sich nicht, der Königin in sich Raum zu geben. Sie sind zu sehr auf die Rollen festgelegt, die ihnen die Gesellschaft zuschreibt: die Rolle der Hausmutter, die Rolle der Dienerin, der freundlichen Verkäuferin, der Helferin, der Liebenden. Sie bleiben lieber in der zweiten Reihe und verstecken ihre wahre Würde. Die Königin gibt ihnen dagegen Selbständigkeit, Würde und Freiheit. Die Königin herrscht und läßt sich nicht beherrschen. Sie geht aufrecht und zeigt sich. Sie steht zu sich. Sie ist im Einklang mit sich. Sie ordnet an und gestaltet das Reich, in dem sie herrscht.

Das Buch Esther erzählt von einer Frau, für die der Archetyp der Königin zutrifft. Es ist die Königin Esther. Esther war ein jüdisches Mädchen, das an den königlichen Hof des Perserkönigs Artaxerxes geholt wurde. Ihr Vater war gestorben. Sie war also allein auf sich gestellt. Doch ihr Onkel Mordechai hatte sie als Tochter angenommen und sorgte für sie. Er war es auch, der sie an den Hof des Königs holte. »Das Mädchen war von schöner Gestalt und großer Anmut.« (Esther 2,7) Sie kam mit vielen anderen Mädchen in den Harem des Königs. Sie wurden zwölf Monate lang gepflegt, mit allen Mitteln damaliger Kosmetik. Dann wurde jede einzeln für eine Nacht in den Königspalast geführt. Nur wenn der König Gefallen fand, ließ er die Frau nochmals kommen. Esther hatte auf Anraten ihres Onkels ihre jüdische Herkunft verheimlicht. Sie hat für sich gekämpft. Sie wollte Königin werden. Als sie zum König geführt wurde, fand er sofort Gefallen an ihr. Und er setzte ihr das königliche Diadem auf und machte sie zur Königin. Er hielt ihr zu Ehren ein großes Fest.

Das mißfiel dem königlichen Beamten Haman. Haman war der zweite Mann im Staat. Er konnte den Juden Mordechai nicht ausstehen. So erließ er den Befehl, daß alle königlichen Diener vor ihm niederfallen sollten. Der Jude Mordechai jedoch weigerte sich. Als man ihn zur Rede stellte, begründete er seine Weigerung damit, daß er Jude sei. Da sann Haman darauf, alle Juden umzubringen. Er drängte den König dazu, einen Erlaß zu veröffentlichen, alle Juden zu töten. Mordechai und Esther erschraken und legten ihre Trauergewänder an. Esther betete: »Hilf mir, denn ich bin allein und habe niemand außer dir, o Herr!« (Esther 4,17) Ohne daß sie vom König gerufen worden war, ging sie zu ihm. Damit verstieß sie gegen das Gesetz und riskierte ihre Absetzung. Doch sie fand Gnade beim König. Sie lud den König und Haman zum Mahl ein. Der König fragte sie nach ihrem Wunsch. Aber sie vertröstete ihn auf das zweite Mahl, das sie morgen wieder mit beiden halten wollte. Dort bat sie den König, ihr Volk doch am Leben zu lassen: »Man hat mich und mein Volk verkauft, um uns zu erschlagen, zu ermorden und auszurotten.« (Esther 7,4) Als der König sie fragte, wer das getan habe, zeigte sie auf Haman. Der König ließ Haman am Galgen aufhängen, den er selbst aufgerichtet hatte, um Mordechai daran aufzuhängen. So rettete die Königin Esther ihr Volk vor dem Untergang.

Die Gestalt der Esther hat seit jeher die Dichter inspiriert. Max Brod und Fritz Hochwälder sehen in Esther vor allem die Frau, die sich für ihr jüdisches Volk einsetzt und dabei ihr Leben riskiert. Sie übersetzen die alte Geschichte in unsere Zeit der Judenverfolgungen. Die jüdische Dichterin Else Lasker-Schüler spricht vor allem vom Mut und von der Tatkraft Esthers, aber auch von ihrer Schönheit, mit der sie ihre fast aussichtslose Aufgabe erfüllte, das Volk vor seinen Feinden zu schützen. Ihre Kraft und königliche Würde schöpfte Esther allein im Vertrauen auf Gott. So betete sie, als sie von Todesangst ergriffen wurde: »Herr, unser König, du bist der einzige. Hilf mir! Denn ich bin allein und habe keinen Helfer außer dir; die Gefahr steht greifbar vor mir.« (Esther 4,17) Im Vertrauen auf Gott wird das vater- und mutterlose Mädchen Esther zur Königin, die Würde ausstrahlt und den Mut findet, für ihr Volk einzutreten und es zu retten.

Esther verkörpert den Archetyp der Königin. Die Königin herrscht über sich selbst und wird nicht von anderen beherrscht. Sie bestimmt ihr Leben so, wie sie selbst es möchte. Sie vergleicht sich nicht mit anderen, sondern steht in sich selbst. Sie ist Königin in ihrem Reich.

In meinen Seminaren reagieren Frauen sehr unterschiedlich auf das Bild der Königin. Viele von ihnen fühlen sich anfangs nicht von diesem Bild angezogen. Sie sehen das Königinsein eher als anstrengend und verstehen es im Sinne von unfrei sein, andere spüren die Anziehungskraft des Bilds und äußern, daß sie sich gerne königlich fühlen würden. Je mehr diese Frauen sich mit dem inneren Bild der Königin beschäftigen, desto stärker spüren sie den Wunsch, der Königin in sich mehr Raum zu geben.

Die Königin in der Frau verkörpert die Sehnsucht nach wahrer Größe. Sie führt uns zu Würde und Selbstachtung und zur Verantwortung für unser Leben. Die Königin weiß um ihre Würde, und diese Würde läßt sie sich von niemandem nehmen. Sie ist sich ihres eigenen Wertes bewußt, und sie weiß, ihr Wert kommt nicht von anderen, sondern aus der Achtung für sich selbst. Sie achtet sich, und sie achtet die Würde anderer Menschen. Sie übernimmt Verantwortung für sich, für ihre Fähigkei-

ten, die in ihr liegen, für ihre Entscheidungen und ihre Erfahrungen, die sie gemacht hat. Sie steht zu sich.

Das Wissen um ihr inneres Königinsein verleiht einer Frau Kraft und Gelassenheit. Abwertungen und Lächerlichmachen können die Königin in uns nicht verletzen. Sie verliert dadurch nicht ihren inneren Wert, denn sie weiß, ihr innerster Wert ist nicht angreifbar. Das hilft ihr, die Verletzungen anderer nicht anzunehmen, sondern bei ihnen zu lassen. Sie nimmt die Verletzung wahr, aber sie läßt sie nicht in sich eindringen. Sie weiß, wer das Königliche in sich selbst verloren hat, wird es anderen rauben oder neiden. Die Königin unterscheidet, wer das Problem hat, und sie entscheidet, wie sie darauf reagieren will. Sie ist selbstbestimmt, sie läßt sich nicht vom Problem des anderen bestimmen.

Fauen wünschen sich zutiefst, dieses Wissen zu verinnerlichen, daß ihr ureigenster Wert von niemandem geschwächt werden kann. Sie meinen, daß sie dadurch aus einer ganz anderen Kraft schöpfen könnten, auch wenn sie Mißachtung oder Herabsetzung erfahren. Aber sie spüren, wie sehr sie in ihrem Alltag herausgefordert sind, aus diesem Wissen auch zu leben. Wie oft machen sie die Erfahrung, wenn sie durch jemanden verletzt werden, daß sie sich tagelang davon belastet fühlen. Dann ist ihre Stimmung im Keller, sie fühlen sich ohnmächtig, wütend oder einfach geschwächt. Sie erleben, daß nicht mehr sie in ihrem Reich herrschen, sondern andere über sie herrschen. Wenn Frauen in dieser Situation bewußt die Königin in sich suchen, die sich selbst achtet und über sich bestimmt, sind sie wieder in ihrer Kraft. Manche Frauen erzählten in meinen Seminaren davon, daß sie in einer Konfliktsituation schon einmal bewußt die Haltung der Königin eingenommen haben. Viele von ihnen schreiten in einsamen Minuten bewußt in dieser Haltung durch den Raum, um ihre Selbstachtung und Würde auch körperlich zu spüren. Das veränderte etwas in ihnen. Sie spürten eine neue Gelassenheit, weil sie wieder in Verbindung mit ihrer inneren

Würde waren, aus der sie sich innerlich aufrichten konnten. Aufgerichtet zu sein hatte für diese Frauen auch bedeutet, einen weiteren Blick zu haben, der sie zu anderen Lösungen brachte.

Frauen spüren, daß es die Königin ist, die sie in die Verantwortung für sich selbst führt. Sie ist es, die entscheidet, ob sie sich schwächen läßt oder ob sie dazu nicht bereit ist. Sie schützt ihre Grenzen klar vor negativen Einflüssen. Sie sagt ja zu dem, was sie stärkt, und nein zu dem, was sie schwächt. Sie bleibt die Königin in ihrem Reich. Dies gilt auch, wenn sie feindselige Stimmungen anderer als Herausforderung annimmt, sich selbst tiefer zu erkennen. Die Königin kann sich fragen, was geht von mir aus? Wenn sie ihre eigenen, unausgesprochenen Wünsche und Ängste in ihren Beziehungen aufdeckt und sie zur Klarheit bringt, stiftet sie Frieden.

Im Alltag tun Frauen sich oft schwer, die Königin in sich zu sehen. Eine Frau fragte mich bei einem Beratungsgespräch verwundert: »Wie kann ich mich als Königin fühlen, wenn ich das Bad putze?« Die Frage ist aber eine ganz andere: Warum tue ich das? Erfülle ich die Erwartungen anderer, um eine gute Hausfrau zu sein, oder bin ich es, die entscheidet, was für mich in diesem Moment richtig ist? Wenn ich selbst mein Bad gerne sauber haben möchte, kann ich mich nachher auch königlich darin fühlen.

Kann ich mich auch als Königin fühlen, wenn ich meinen Körper kritisiere, weil er nicht dem gängigen Schönheitsideal entspricht? Hier spüren wir Frauen, daß wir oft noch weit von der Königin entfernt sind. Wir haben verinnerlicht, was andere uns vorgegeben haben, und zwängen uns in dieses Korsett. Wir sehen auch auf andere, ob sie da hineinpassen oder nicht.

Doch es gehört mit zu den größten Kränkungen, die wir anderen Menschen zufügen können, wenn wir ihren Körper kritisieren. Mit unserem Körper drücken wir auch unsere innerste

Empfindsamkeit, unsere Gefühle, unsere Lebensgeschichte aus. Gerade durch unsere verkörperten Geschichten können wir auch Zugang zu unserem Inneren finden. Das verlangt Achtung vor der Besonderheit jedes einzelnen. Die Königin in uns gibt niemandem das Recht, ihre Einzigartigkeit abzuwerten. Der oder die Abwertende hat das Königliche in sich selbst verloren. Und warum sollten wir dem mehr Beachtung schenken als unserer eigenen Besonderheit?

Außerdem weiß die Königin in uns, daß unsere Schönheit vor allem aus unserer inneren Würde und Selbstachtung heraus strahlt. Das verleiht ihr Anmut und Grazie. Diese Schönheit ist unabhängig von den Schönheitsvorstellungen der Gesellschaft. Die Erwartungen der Gesellschaft an weibliche Schönheit spiegeln unseren inneren Tyrannen wider, der Forderungen stellt, wie wir sein sollten. Die Königin entscheidet selbst, wie sie ihre Schönheit zum Ausdruck bringen will. Frauen, die ihren eigenen Körper abwerten und in irgendeine Norm pressen wollen, haben bereits verinnerlicht, daß etwas an ihnen nicht so ist, wie es sein sollte. Das macht sie unsicher, sie vergleichen sich mit anderen Frauen und schüren dadurch ihr Minderwertigkeitsgefühl. Sie spüren nicht, was ihr Eigenes ist.

Was wir durch unseren Körper ausdrücken, kann uns zu unseren tiefsten Sehnsüchten und zu unserer innersten Not führen. Wenn wir dagegen mit uns fühlen und herausfinden, welche Nahrung auch unsere Seele braucht, achten wir uns selbst.

Die afrikanischen Frauen sprachen an unserem gemeinsamen Frauenabend davon, daß unser westliches Schönheitsideal für sie eher das Gegenteil bedeute. Sie sagten uns, wenn wir zu ihnen kommen würden, würden sie uns als erstes fragen, ob wir nicht genug zu essen bekämen. Zu ihrem Frauenleben gehöre mehr Genießerisches und Lebensfrohes, was bei uns weniger zu spüren sei – trotz besserer Lebensbedingungen.

Die Königin trägt auch das Edle in sich und lebt zugleich das ganz Einfache. Das macht eine königliche Frau zutiefst mensch-

lich. Sie muß sich über niemanden erheben, sie wirkt gerade aus ihrer Achtung für alles Menschliche königlich.

Die Königin weiß um ihre königliche Würde. Und sie vermittelt auch anderen Menschen diese Würde. Aber zugleich weiß sie wie Esther um ihre einfache Herkunft. Sie identifiziert sich nicht mit dem Edlen, sondern akzeptiert in sich auch das Einfache und Durchschnittliche. Sie zieht auch Trauergewänder an wie Esther, wenn sie nicht mehr weiterweiß. Und sie wendet sich an Gott, wenn sie ihre Ohnmacht erfährt und sich allein gelassen fühlt. Des weiteren erweist sich die Königin als die Hüterin des Hauses: Sie hütet und schützt ihr eigenes Reich. Dieses Reich muß nicht nur als Haus der Familie dienen, sondern auch als ihr inneres Lebenshaus. Sie läßt sich aus ihrem inneren Haus nicht herausdrängen von irgendwelchen Hausbesetzern wie zum Beispiel Eifersucht, Neid oder Angst. Sie füllt ihr Haus aus. Und sie weiß, daß in ihrem königlichen Haus Gott selbst wohnt. Sie gestaltet ihr Haus so, daß sie gerne darin wohnt. Sie sorgt für sich selbst. So wird sie fähig, auch das äußere Haus wie eine Königin zu gestalten: das Haus der Familie, der Firma, der Gemeinde und des Staates.

Wenn eine Frau so um ihre königliche Würde weiß, dann kann sie auch die einfacheren Arbeiten im Haushalt wie eine Königin angehen. Sie braucht dann nicht darüber zu klagen, daß sie nur die »Drecksarbeit« zu tun habe, während der Mann im Beruf mit seiner Arbeit glänze. Als Königin gewinnt auch das Kochen oder das Haus in Ordnung zu halten einen ganz neuen Stellenwert. Beides gehört zu ihrem königlichen Aufgabenbereich. Ganz gleich, was sie tut, sie weiß bei allem um ihre königliche Würde. Und so geht von ihr auch ein königlicher Glanz aus. Manchmal merkt man es, wenn man in ein Haus eingeladen wird, daß da eine Königin regiert. Es ist alles gut geordnet, am richtigen Platz. Es wird nicht geprotzt. Aber alles spiegelt Würde und Schönheit wider. Man fühlt sich aufgenommen in ein königliches Haus.

Ein Freund erzählte mir, seine zehnjährige Tochter habe bei einer Fernsehsendung über eine Prinzenhochzeit geweint. Sie möchte auch Prinzessin sein. Prinzessin ist offensichtlich die Verheißung der inneren Schönheit und Würde. Dieses Bild spricht jede Frau an. Ähnlich erzählte eine Frau, zu ihr habe jemand gesagt: »In deinem Leben bist du die Prinzessin.« Er meinte damit, daß sie ihr Leben selbst in der Hand habe und daß sie es so gestalten könne, daß darin die Schönheit einer Prinzessin aufleuchte. Eine Königin ist mehr als eine Prinzessin. Die Prinzessin ist noch zu sehr Tochter. Sie muß erst noch eine Königin werden, die in sich selbst ruht, die nicht abhängig ist von anderen. Diese erwartet nämlich nicht wie die Prinzessin von einem fernen Prinzen das Glück. Sie ist im Einklang mit sich selbst und lebt daher glücklich.

Viele Frauen erzählen immer wieder, wie sie sich in der Nähe eines bestimmten Frauentyps ausgesaugt fühlen. Wenn sie eine Stunde mit so einer Frau sprechen, haben sie keine Kraft mehr. Sie haben den Eindruck, die andere hätte sie völlig nach unten gezogen. Wenn sie weggehen, fühlen sie sich schlecht, kraftlos, ausgelaugt. Solche Frauen, die einer anderen Frau alle Kraft rauben, sind keinesfalls Königinnen. Sie kennen keine Grenzen. Sie mischen sich überall ein. Sie drängen andere dazu, wie sie alles schlechtzumachen, sich selbst zu entwerten, alles negativ zu sehen. Doch die Frage ist nicht nur, welche Art von Frauen anderen die Kraft wegzieht, sondern auch, was in diesen ist, daß sie neben bestimmten Frauen ihre Energie verlieren. Oft erinnern solche Frauen an die eigenen Ängste, Unzufriedenheit, Zerrissenheit, Schwäche. Da braucht es die innere Königin, damit man sich vor solch negativer Ausstrahlung schützen kann.

Die Königin herrscht nicht nur in ihrem Reich, sie schützt auch dessen Grenzen. Feinde läßt sie nicht in ihr Reich eindringen. Ein wesentlicher Aspekt der Königin ist daher auch, daß sie sich gut abgrenzen kann. Viele Frauen tun sich damit schwer, Grenzen zu setzen. Sie haben Angst, dann nicht mehr beliebt zu sein bei anderen Menschen. Sie fühlen sich allein, wenn sie sich abgrenzen. Es könnte ja sein, daß niemand mehr bei ihnen anklopfen wird. Doch wer Königin ist in seinem Reich, kann Grenzen setzen und das eigene Reich genießen. Trotzdem nimmt eine Königin auch gerne Gäste auf – aber sie ist nicht auf diese angewiesen.

Wenn ich Grenzen setze, dann verliere ich den anderen nicht. Vielmehr schaffe ich Beziehung, indem ich mich abgrenze. Grenzenlose Menschen verschwimmen. Sie haben keine Kontur. Sie ziehen alles in sich hinein, aber man spürt nicht, wer sie selbst sind. Beziehung kann man jedoch nur eingehen mit einer Frau, die in sich ruht, die sich klar abgrenzt. Da bekommt dann auch die Beziehung etwas Klares. Und man braucht keine Angst zu haben, ausgesaugt zu werden. Die Königin greift nicht in mein Reich ein. Sie läßt mich sein, wie ich bin. Sie achtet meine Würde.

Was macht es uns so schwer, uns abzugrenzen? Es ist einmal die Angst, alleine zu bleiben. Und es ist die Angst, den anderen zu verletzen und dadurch nicht mehr geliebt zu werden.

Eine Frau berichtete, sie komme mit ihrer Mutter nicht zurecht. Sie verhalte sich ihr gegenüber oft aggressiv, weil diese immer so viele Erwartungen an sie stelle. Ich sagte ihr, ihre Mutter dürfe doch Erwartungn haben. Aber es sei ihre Entscheidung, wie weit sie diese Erwartungen erfüllen möchte und könne.

Die Aggressivität dieser Frau richtete sich nicht nur gegen die Mutter, sondern letztlich gegen sich selbst. Sie traute sich nicht, sich gegenüber den Erwartungen der Mutter abzugrenzen. Sie wollte ja von ihr geliebt werden. Sie wollte ihr am liebsten alles recht machen. Und zugleich spürte sie, daß das nicht ging und sie sich damit überforderte. Weil sie innerlich nicht frei war, sich abzugrenzen, reagierte sie statt dessen aggressiv gegenüber ihrer Mutter. Sie hatte für sich entschieden: Die Mutter mit ihren Erwartungen ist schuld an ihrem beklagenswerten Zustand.

Eine Königin reagiert jedoch anders. Sie nimmt die Erwartungen der Mutter wahr. Sie fragt sich, wie weit sie sie erfüllen möchte. Und dann geht sie so oft und so lange zur Mutter, wie sie es für sich als angemessen erkannt hat. Sie läßt sich auch durch Schuldgefühle nicht dazu hinreißen, ihre eigenen Grenzen zu verletzen. Schuldgefühle sind nämlich nur eine subtile Art von Machtausübung. Indem die Mutter in ihrer Tochter Schuldgefühle erzeugt, greift sie über ihre eigenen Grenzen hinaus in deren Herz, das sich ja nie ganz sicher ist, ob alles richtig ist, was es tut. Wer als Königin in seinem Haus regiert, nimmt eine solche Schuldzuweisung wahr, läßt diese aber nicht in sich eindringen.

Tatsächlich vermitteln ältere Mütter ihren erwachsenen Töchtern oft, daß ihr Leben nicht so gelaufen ist, wie sie sich das gewünscht hätten. Die Töchter fühlen sich dann aufgerufen, ihrer Mutter auch die guten Seiten ihres Lebens aufzuzeigen. Aber es kostet sie Kraft, sie spüren, daß die Mutter es nicht annimmt und die Verantwortung für ihr Leben nicht übernimmt. Hier braucht die Tochter die Königin in sich, die die Verantwortung für das Leben der Mutter bei dieser läßt. Sie kann mitfühlen und verstehen, daß vieles schwer war und gerade auch ist. Sie kann sie fragen, was sie für sich selbst tun kann, damit es ihr besser geht. Eine Königin übernimmt Verantwortung für sich und führt auch andere zur Verantwortung für sich selbst.

In meinen Seminaren freuen sich die Teilnehmerinnen, wenn sie die Königin in sich wahrnehmen. Es tut ihnen gut, als Königin durch den Raum zu schreiten, sich an ihrer Schönheit und Würde zu freuen. Dann wandelt sich die Atmosphäre. Sie rich-

ten sich auf und entdecken ihre Stärke. Oft nimmt dann eine Frau die andere an der Hand, und sie schreiten zu zweit durch den Raum. Wenn eine Frau Königin ist, dann hat sie es nicht nötig, andere Frauen zu entwerten. Im Gegenteil, sie freut sich an ihrer Würde und Stärke. Sie hat auch teil an ihrem Königinsein.

Während verschiedener Seminartage haben Frauen folgende Assoziationen zur Königin aufgeschrieben: »Läßt mich meine Würde spüren, niemand kann mich verletzen, ich kann den Weg bestimmen, stehe über den Dingen. Ich darf wertvoll sein in meiner Einmaligkeit. – Die Königin ist da in mir, aber doch sehr weit weg; die Königin wäre vollkommene Harmonie in mir, ich könnte mit ihr aufrecht dem Leben begegnen, wertungsfrei. – Ich weiß, wer ich bin, ohne es ständig beweisen zu müssen. – Hat ihre eigene Ehre, braucht keine Anerkennung von anderen. – Sich schön machen und schön fühlen. Innere Größe. – In sich selbst ruhen, keine Ängste haben, attraktiv sein. – Sich stark fühlen, in der Mitte sein. – Ausstrahlung haben.«

Ein weiteres Urbild für die Königin ist das der Schönheit. Die Königin ist auch die schöne und attraktive Frau. Sie genießt ihre Schönheit. Sie weiß um sie und strahlt sie aus. Sie braucht sie nicht zu verstecken. Sie kann sie offen zeigen. Sie macht sich nicht schön, um bewundert zu werden, sondern weil sie sich an der eigenen Schönheit freut, weil von ihr ein Glanz ausgeht, der allen guttut. Sie verbreitet um sich Schönheit und macht dadurch auch das Leben anderer schöner. Die Schönheit der Königin ist etwas anderes, als uns die Gesellschaft in Form eines Schönheitsideals vorgaukelt. Die wahre Schönheit entsteht durch Harmonie: Wenn eine Frau im Einklang ist mit sich selbst, dann strahlt sie Schönheit aus.

Frauen freuen sich an der Königin. Doch zugleich gestehen viele Frauen ein, daß sie dieses Bild nicht wirklich kennen. Für andere ist es ein Wunschbild. Eine Frau meinte bei einem Seminar, es sei für sie gar kein Ziel, Königin zu sein. Sie wolle nicht immer im Mittelpunkt stehen. Sie verstand die Königin ausschließlich als eine Frau, die immer nur im Mittelpunkt steht. Und darauf wollte sie gerne verzichten.

Andere Frauen sehen die Königin nicht als eine, die sich in den Mittelpunkt stellt, sondern die in ihrer Mitte steht. Sie braucht sich daher nicht künstlich darzustellen. Sie ist einfach da. Sie strahlt Kraft und Klarheit aus. Daher wird sie zum Mittelpunkt. Doch sie kann es genießen. Es ist für sie nicht anstrengend, sondern eher eine Lust, andere um diese Mitte zu scharen und anderen ihre Mitte zu vermitteln. Die Königin muß nicht auf ihre Ausstrahlung bedacht sein. Sie hat sie einfach. Sie muß nicht um Autorität ringen, sie strahlt sie aus. Und sie weiß darum und kann sie genießen. Die Ausstrahlung bringt in ihre Umgebung den Glanz der Königin und verbreitet so Freude und Lust am Leben.

Jedes archetypische Bild hat auch seine Schattenseiten. Die Schattenseite der Königin ist die Tyrannin. Manchmal tyrannisieren depressive Frauen mit ihrer Krankheit die ganze Familie. Alle müssen sich nach ihr richten.

Hier wird die Krankheit als Waffe benutzt, gegen die man sich kaum wehren kann. Während die Amazone mit Pfeil und Bogen kämpft, setzen Frauen, die ihre königliche Würde nicht gefunden haben, oft ihre Verletzungen oder Krankheiten als Waffen ein. Der Mann und die Kinder tun sich schwer, gegen die Waffe der Krankheit anzugehen. Denn die Krankheit erzeugt ein schlechtes Gewissen in den anderen. Und mit einem schlechten Gewissen kann man nicht kämpfen. Tatsächlich findet die Königin in ihrer Erfahrung von Leid immer wieder von neuem den Mut, dieses Leid anzunehmen und daran zu wachsen. Die Königin in uns kann gerade im Leid ihre innere Größe zeigen.

Der negative Aspekt der Königin wird von Frauen gelebt, die sich ihrer Würde nicht bewußt sind. Mit sich unzufriedene Frauen beherrschen ihre Umgebung mit ihrer Unzufriedenheit. Davon hat schon das Buch der Sprüche gewußt: »Besser in einer Ecke des Daches wohnen als eine zänkische Frau im gemeinsamen Haus.« (Sprüche 21,9) Damit eine Frau dieses negative Bild – das häufig in Männerwitzen vorkommt – hinter sich lassen kann, braucht sie die Königin in sich. Die Frau, die um ihre innere Königin weiß, spürt ihre Würde und ihre Kraft, und sie strahlt sie nach außen aus.

Eine andere Verfälschung des Archetyps der Königin ist die dominante Frau, die alles bestimmt und ihre Familie im wahrsten Sinne beherrscht. Manchmal rufen schwache Männer diese dominante Seite in einer Frau hervor. Manchmal haben Frauen sie aber auch schon von sich aus. Sie müssen immer alles kontrollieren und beherrschen und können keinerlei Kritik ertragen. Alles muß nach ihrem Willen gehen.

Die echte Königin herrscht dagegen, ohne andere zu beherrschen. Sie ist stark, ohne andere zu schwächen. Sie steht da, ohne andere in die Ecke zu drücken. Die Königin richtet andere auf und bringt sie in Berührung mit ihrer königlichen Würde.

Anselm: *Wie erlebst du die Königin in dir? Was macht die Königin mit dir? Welche Gefühle weckt sie in dir?*

Linda: *Vor einigen Jahren bin ich auf diese Bilder unserer Weiblichkeit gestoßen, und ich habe gleich gespürt, daß ich die Königin in mir stärker leben will. Aber immer wenn ich entdecke, daß ich mich vergleiche oder mir meines Werts mal nicht sicher bin, weiß ich, daß ich die Königin in mir verloren habe. Das Bild der Königin führt mich zur Selbstachtung und zur eigenen Würde, und das verändet meine*

Einstellung zu mir selbst. Wenn ich etwas entscheiden muß, frage ich mich oft aus der Haltung der Königin heraus: Was bin ich mir wert? Dann liegt die Antwort oft klar auf der Hand. Durch die Königin in mir finde ich immer wieder Vertrauen in meine inneren Kräfte. Dieses Vertrauen brauche ich, wenn ich etwas Neues wage.

Manchmal ist mir sofort klar, wie ich aus der Haltung der Königin heraus handeln will, aber manchmal braucht es auch eine längere Zeit des Suchens, bis ich wieder in der Kraft der Königin stehe.

Das Bild der Königin ist für mich in allen Bereichen eine stärkende, aufrichtende Kraft. Sie hat mich stärker zur Selbstachtung geführt und mich unabhängiger gemacht gegenüber Abwertungen, weil ich mir denke: Wer will mich bewerten? Es ändert nichts an meinem inneren Wert.

Die Königin in mir führt mich zu einer größeren inneren Freiheit, und daraus lebe ich gerne.

Eva – Die Mutter

»Adam nannte seine Frau Eva (Leben), denn sie wurde die Mutter aller Lebendigen.« (Genesis 3,20)

In der Geschichte wurde Eva oft als die Verführerin beschrieben. Die Sündenfallgeschichte in Genesis 3 hat ihr Bild durch die Jahrhunderte geprägt. Doch die eigentliche Aussage der Bibel ist, daß sie die Mutter aller Lebendigen ist. Mit ihrem Bild der Frau ist daher das Muttersein eng verbunden. Und zum Muttersein gehört das Leben. Eva ist die Mutter des Lebens. Sie gebiert Leben. Als Mutter schützt sie das Leben. Sie hegt und pflegt es. Sie dient dem Leben.

Heute sind viele Frauen Singles. Sie reagieren eher allergisch auf den Archetyp der Mutter. Sie haben Angst, auf ein Bild festgelegt zu werden, das für sie nicht stimmt. Doch auch alleinstehende Frauen können vom Archetyp der Mutter profitieren. Die Art und Weise, wie sie im Beruf arbeiten, wie sie mit Menschen umgehen, kann etwas Mütterliches haben und dem Leben dienen.

Die amerikanische Autorin Jean Shinoda Bolen spricht davon, daß es drei grundlegende Phasen im Leben jeder Frau gebe: Die junge, die reife und die weise Frau. Die junge Frau ist meist ungebunden und sammelt Erfahrungen in ihrer Ausbildung, am Arbeitsplatz oder in Beziehungen. Die reife Frau lebt am stärksten die Eigenschaft des Mütterlichen, auch wenn sie nicht im biologischen Sinn Mutter sein muß. Das Stadium der weisen Frau beginnt, wenn eine Frau das Interesse an den Aufgaben der zweiten Phase verliert und sich stärker nach innen richtet.

In ihrer zweiten Lebensphase bindet sich eine Frau an bestimmte Aufgaben und gewinnt immer mehr an Reife, indem sie sich um diese von ihr eingegangenen Verpflichtungen kümmert. Sie kann für ein Kind oder einen anderen Menschen da sein, sie kann sich einer beruflichen Laufbahn, einer guten Sache oder einer Begabung widmen – jedem Ziel, das für sie persönlich wichtig ist. Diese Phase zeichnet sich immer durch Eingebundensein und aktive Anstrengung aus. Meist sind diese Anstrengungen größer, als viele Frauen das vorausgesehen haben. Ihre Aufgaben bringen ihnen in ähnlicher Weise Freude und Kummer und regen die Frauen gleichzeitig dazu an, sich weiterzuentwickeln und ihre Kreativität zu entfalten.

Früher waren Frauen mehr auf das Muttersein festgelegt, und viele von ihnen fanden darin auch Erfüllung und Sinn. Andere spürten, daß ihnen etwas fehlte. Heute leben Frauen eine größere Vielfalt ihrer mütterlichen Eigenschaften:

Mütterlichsein meint Lebendiges aus sich hervorbringen, es annehmen, Nahrung geben, pflegen, sich einfühlen, wachsen lassen, das Leben schützen. Das zeigt sich immer als eine liebende, fürsorgliche und beschützende Haltung allem Lebendigen gegenüber. So kann eine Frau diese mütterliche Seite in ihrer Mutterrolle leben und ganz darin aufgehen, eine andere Frau fühlt sich dagegen eher dazu berufen, ihr Mütterliches in einen anderen Bereich einzubringen. Wie immer eine Frau ihre mütterliche Seite auch ausdrücken will, es besteht darin für jede Frau die Chance, ihre Weiblichkeit voll zu entfalten.

Wenn Frauen keine Kinder bekommen können, leiden sie mehr daran als Männer. Das gilt nicht nur für Ordensfrauen und Singles, sondern auch für verheiratete Frauen, deren Ehe kinderlos bleibt. Es braucht oft einen langen Trauerprozeß, um sich vom Kinderwunsch zu verabschieden. Doch auch für diese Frauen gilt der Archetyp der Mutter. Sie können ihre mütterliche Seite auf vielfältige andere Weise leben.

Frauen, die an ihrer Kinderlosigkeit leiden, haben oft das Gefühl, weniger wert zu sein als Frauen, die Mutter geworden sind. Sie beneiden andere Frauen, die leicht Kinder bekommen können. Manchmal sind sie auch verbittert, weil sich ihre Sehnsucht nach einem Kind nicht erfüllt. Sie sind geradezu fixiert auf das, was ihnen fehlt. Diese Frauen brauchen ihre Mütterlichkeit besonders, damit sie sich auch ohne Kind lebendig fühlen. Sie brauchen Wärme und Fürsorge für sich selbst, damit sie das eigene Leben spüren und sich für das öffnen können, was neu aus ihnen hervorkommen will. Allein schon dadurch leben sie ihre mütterliche Seite.

Eine Frau erzählte mir, daß sie seit mehreren Jahren darauf hoffe, ein Kind zu bekommen. Aber leider hätten sich ihre Hoffnungen noch nicht erfüllt. So, wie die Ärzte und ihre Verwandten sie sahen, fühlte sie sich inzwischen schon wie ein Mangelwesen. Dabei strahlt gerade diese Frau von ihrer ganzen Art her Mütterlichkeit aus. Eine ihrer Freundinnen sagte ihr dann, daß sie gerade ihre mütterliche Art sehr schätze. Sie tue ihr richtig gut, und auch andere empfänden dies ebenso. Dieser Zuspruch half dieser Frau zu sehen, daß ihre mütterliche Seite durchaus kraftvoll war – auch ohne ein Kind zu haben. Von nun an wollte sie sich einfach nicht mehr bestimmen lassen von dem Gefühl, daß etwas an ihr fehle. Diesem wollte sie ihr neues Bewußtsein entgegensetzen, daß ihre Mütterlichkeit stark war und ihr nicht genommen werden konnte – auch wenn sie kein Kind haben sollte. Sie ließ eine neue Lebendigkeit in sich zu, und in diesem Moment war sie mütterlich mit sich selbst.

Immer wenn Frauen offen sind für etwas Neues, das aus ihnen hervorkommen will, sind sie mütterlich. Immer wenn sie achtsam mit dem Neuen umgehen und es in Ruhe wachsen lassen, sind sie mütterlich. Mütterlichsein, auch ohne Kinder, bleibt immer Teil des Frauseins und Ausdruck weiblicher Lebendigkeit. Wie eine Frau diese Lebendigkeit ausdrückt, liegt in ihrer Entscheidung und macht die weibliche Vielfalt aus. Frauen, die ihre mütterliche Energie ausdrücken wollen, fühlen sich meist dazu gedrängt, anderen Nahrung zu geben, zu pflegen und Verantwortung zu übernehmen. Aber auch Wachstum zu fördern, großzügig und freigebig zu sein und andere in ihrer Entwicklung zu unterstützen sind ein mütterlicher Ausdruck.

Einige Frauen fühlen sich wirklich sehr zufrieden, wenn sie für andere Menschen kochen und es diesen schmeckt. Andere Frauen wiederum können Menschen geistige Nahrung geben oder sie auch spirituell nähren. Viele Frauen finden auch Erfüllung darin, anderen Menschen dabei zu helfen, gesund zu werden und sich zu entwickeln. Frauen handeln ebenfalls mütterlich, wenn sie eine Organisation ins Leben rufen, die Lebendiges schützen oder erweitern will. Auch ein Tier mit Liebe zu umsorgen oder Pflanzen zu hegen und wachsen zu lassen drückt eine solche Mütterlichkeit aus.

Ist eine Frau Mutter geworden, will sie in ihrem Kind die Freude am Leben wecken, sie will ihm Liebe geben, es nähren und für es sorgen. Sie will ihm das Leben erklären und es vertraut machen mit dem, was es lernen muß. Und auch sein Inneres will eine Mutter ihrem Kind nahebringen und ihm helfen, seine Gefühle zu benennen. Sie versucht es zu unterstützen, mit anderen in Kontakt zu treten, mutig zu sein und Schwierigkeiten zu meistern.

In dieser Aufgabe lernt eine Frau viel über sich selbst. Sie erfährt sich auf eine Weise, wie sie sich bisher nicht erfahren hat. Sie muß sich ganz auf das Kind einlassen, sie kann sich ihrem Kind nicht entziehen, sobald es da ist. Das verändert das Leben einer Frau sehr stark. Es wird ihr auch kaum ein Mensch jemals so nahe kommen wie das Kind. Und in dieser Nähe zeigt sich, wer sie ist, wo sie in ihrer Entwicklung steht und wie liebesfähig sie bereits ist. Sie erlebt alles, was ein Kind an Lebendigem in sich hat, und muß damit unmittelbar umgehen: Mit Tränen, Eigensinn, Freude, Wut, Trotz und Eifersucht. In ihrer Aufgabe als Mutter muß eine Frau viel Flexibilität entwickeln und gleichzeitig ihre eigenen Grenzen annehmen. Das fordert sie enorm heraus, mit ihrer eigenen Lebendigkeit verantwortlich umzugehen. Sie spürt, was es heißt, »Mutter des Lebendigen« zu sein.

Die Mutter hat ferner die Aufgabe, dem Kind Urvertrauen zu schenken, ihm zu vermitteln: »Es ist gut, daß du da bist. Du bist willkommen.« Mütterlichkeit bedeutet Bejahung des Lebens und Bejahung der Welt. Es ist gut, in dieser Welt zu leben. Die Welt ist ein Raum, in dem wir geborgen sind, willkommen sind, in dem wir sein dürfen. Seit jeher ist die Schöpfung mit der Mutter verbunden worden.

Die antiken Muttergottheiten waren immer Göttinnen des Wachsens und Reifens, Göttinnen der Erde. Auch in der Natur erfährt der Mensch ein Getragensein. Er darf sein. Er wird nicht beurteilt und bewertet. Genau das ist auch eine entscheidende Aufgabe der Mutter: dem Kind zu vermitteln, daß es sein darf – und zwar so, wie es ist, auch schwach. Die Mutter bewertet nicht, sondern versucht, das, was am Kind noch nicht ausgebildet ist, zu entwickeln. Mütterlichkeit ist also eine optimistische Haltung dem Leben und der Welt gegenüber. Und sie atmet Barmherzigkeit und Milde, Fürsorge und Wärme.

Für die Indianer ist Mütterlichkeit der höchste spirituelle Grad. Die Frauen, die das Mütterliche in sich entdecken, werden – so glauben die Indianer – offen für Gott, für das Geheimnis des Lebens.

Viele Frauen reagieren wütend auf das oft genug propagierte Bild der Frau, für das »die drei Ks« charakteristisch sind: Kinder, Küche, Kirche. Es ist wichtig, daß Frauen heute wählen können, wie sie ihr Muttersein gestalten wollen. Für die eine ist es gut, zu Hause bei den Kindern zu bleiben. Andere verbinden ihr Muttersein mit ihrem Beruf.

Wofür sich Frauen hier auch entscheiden, sie fühlen sich oft dazu aufgerufen, anderen zu erklären, warum sie als Mutter zu Hause bei ihrem Kind bleiben oder, im anderen Fall, einer Berufstätigkeit nachgehen. Gerade Frauen schwächen sich hier oft gegenseitig, weil sie das jeweils andere negativ bewerten. Manche Frauen würden viel lieber zu Hause bei ihrem Kind bleiben, sie sehen sich aber durch ihre Lebensumstände dazu gezwungen, noch zusätzlich zu arbeiten. Andere Mütter würden gerne noch eine andere Arbeit ausführen, wenn sie dazu die Möglichkeit hätten. Hier können sich Frauen mütterlich begegnen und mitfühlend dafür sein, was eine andere Frau bewegt. Es bedarf keinerlei Rechtfertigung, wofür eine Frau sich entscheidet, es bleibt in ihrer persönlichen Verantwortung.

Die norwegische Feministin Janne Haaland Matlary, Mutter von vier Kindern und Politikerin, fordert gegenüber dem Feminismus der siebziger Jahre des letzten Jahrhunderts, der zu sehr die Gleichheit von Mann und Frau betonte, daß die Frauen sich wieder bewußt auf ihr Muttersein besinnen sollen. Sie tritt dafür ein, daß die Frauen als Mütter bessere Möglichkeiten bekommen, Beruf und Muttersein zu verbinden. Mütter, die zugleich Verantwortung in der Wirtschaft und Politik übernehmen, würden eine andere Qualität in diese Bereiche bringen. Als Politikerin brachte Frau Matlary ein neues Gespür für die konkreten Nöte der Frauen und Kinder in den Kriegsgebieten in die politischen Diskussionen ein. Sie meint, mit einem größeren Anteil an Frauen würden friedenserhaltende Operationen besser gelingen. »Zwischen Frauen gibt es eine Form von Einverständnis, das Männer natürlicherweise nicht haben können.« (Matlary, S. 183)

Die Mutter fördert das Wachsen und die Entwicklung des Kindes, und sie steht dem Schwachen bei. Sie läßt Leben zu. Und sie läßt los. Das ist wohl die schwerste Aufgabe der Mutter, die

Kinder, die sie getragen und gefördert hat, loszulassen, freizulassen, damit sie ihren eigenen Weg gehen. Bei allem Loslassen steht die Mutter aber doch immer bereit, Geborgenheit und Verständnis zu schenken, wenn die Kinder zu ihr zurückkommen. Schenken, ohne etwas dafür zu erwarten, Geben, ohne Dankbarkeit dafür einzufordern, das sind Haltungen der Mutter, die einer tiefen Spiritualität entsprechen. Wenn eine Frau das Mütterliche verwirklicht, ist sie bereits eine spirituelle Frau.

Eine weitere hohe spirituelle Herausforderung besteht für eine mütterliche Frau darin, immer wieder das Eigene zurückzunehmen. Sie muß sich auf die Kinder einlassen mit ihren Launen und Bedürfnissen. Das ist eine Kunst des Menschseins. Da übt eine Frau ein, was es heißt: Leben zu fördern, dem Leben zu dienen. Sich immer wieder zurückzunehmen, um sich dem Kind zuzuwenden, verlangt eine enorme Selbstlosigkeit und ist gleichzeitig auch Ausdruck von Reife. Eine Mutter verwirklicht ganz konkret, was Jesus von seinen Jüngern fordert. »Wer mein Jünger sein will, der verleugne sich selbst, nehme sein Kreuz auf sich und folge mir nach.« (Matthäus 16,24)

Manche Mütter haben sich jedoch mit diesem Sichzurücknehmen so identifiziert, daß sie sich auch im Gespräch mit Erwachsenen völlig in den Hintergrund stellen und sich nicht mehr trauen, sie selbst zu sein und über das zu sprechen, was sie bewegt oder was sie in ihrem Alltag leisten. Sie erkennen ihren Wert nicht mehr in dem, was sie für die Familie tun. Nicht selten fühlen sie sich am Abend völlig ausgelaugt, doch keiner nimmt das wahr. Viele Frauen übernehmen hier unbewußt die Abwertung des Mütterlichen durch die Gesellschaft. Auch sie bemessen persönlichen Wert dann nur noch in gesellschaftlich anerkannter beruflicher Karriere und schätzen selbst nicht mehr den ideellen Wert, den sie schaffen.

Es stimmt, in der heutigen Gesellschaft haben Leistung, Karriere und Konkurrenz einen immens hohen Stellenwert. Nur dadurch bekommt man offenbar Anerkennung. Wenn Frauen in ihrem Beruf erfolgreich sind, werden sie anerkannt. Sie haben es wie ein Mann zu etwas gebracht. Wenn Frauen dagegen als Mütter ihre Kinder in die Welt eingeführt und ihnen Werte vermittelt haben, wenn sie ihre Fähigkeiten gefördert und sie zu liebesfähigen Menschen erzogen haben, spricht niemand von Erfolg oder Karriere. Das zehrt bei vielen Müttern am Selbstwertgefühl, es kann sie aber auch dazu bringen, den Wert ihrer Aufgabe ganz in sich selbst zu finden. Gerade in einer Gesellschaft, in der Menschen oft nur aufgrund ihrer Leistung gesehen werden, braucht es immer wieder Mütterlichkeit. Durch sie erfahren Menschen, was es heißt, einfach für sie dazusein, Fürsorge und Angenommensein zu spüren, ohne dafür etwas leisten zu müssen.

Dabei sehnen sich alle Menschen besonders nach mütterlicher, warmer und fürsorglicher Energie – vor allem, wenn es ihnen schlecht geht. Wenn sie dann jemandem begegnen, der mütterliches Verhalten zeigt, der für sie da ist, sie hält und trägt, der Trost spendet und helfend zur Seite steht, fühlen sie sich gestärkt und können sich dem Leben neu zuwenden. Menschen, die in dieser Situation das Mütterliche empfangen, fühlen sich gleich besser.

Viele Frauen sehen heute ihre eigene Mutter negativ und tun sich daher auch mit dem mütterlichen Archetyp schwer. Das hat sicher viele Gründe. In der Tochter sieht die Mutter eine weibliche Verbindung. Gerade daraus entstehen auch Störungen. Das kann zuviel Nähe, zuwenig Abgrenzung, aber auch zu viele Erwartungen bedeuten. Was die Mutter nicht erreicht hat, soll die Tochter erfüllen. Dann muß die Tochter oft aufbegehren, um zu eigener Kraft zu finden. Viele Frauen haben ihre Mütter zuwenig als Frau erlebt, sondern fast ausschließlich in der Rolle der Mutter. Das vermittelt Töchtern ein einseitiges Bild des Frauseins, dem sie nicht folgen wollen. Manche Mütter ziehen auch die Söhne vor. Es ist ihnen wichtig, einen Sohn zu haben. Ihn stellen sie in den Mittelpunkt. Damit entwerten sie jedoch ihre Töchter. Sie geben den Töchtern nicht das Gefühl, daß sie gerne Frau sind. Oft ist die Überhöhung der Söhne Ausdruck des eigenen mangelnden Selbstwertgefühls. Wenn man sich als Frau nicht achtet, dann muß man die Männer erhöhen. Töchter müssen daher an der Mutter lernen, ihre Würde als Frau zu entdecken und gerne Frau zu sein. Wenn die Tochter sich nicht mit dem Frausein der Mutter identifizieren kann, lehnt sie sich häufig auch selbst als Frau ab oder aber sie entwickelt ein Frauenbild, das konträr ist zu dem der Mutter. Das kann durchaus auch hilfreich sein. Denn so entwickelt die Frau andere Qualitäten. Wenn jedoch die Qualität des Mütterlichen fehlt, fehlt ein entscheidender Aspekt am Frausein.

Der Feminismus hat Frauen in vielem gestärkt, er hat aber auch dazu beigetragen, daß Frauen ihre mütterlichen Gaben nicht mehr genug achten. Das mag aus der Geschichte mit der eigenen Mutter entstanden sein und auch aus dem Protest gegen patriarchalische Strukturen. All das bindet Frauen eher an das, wogegen sie rebellieren, als daß sie frei sind zu leben, was sie in sich tragen. Wenn Frauen das Mütterliche in sich nicht genug wertschätzen, warten sie oft darauf, daß es andere für sie tun. Frauen müssen sich selbst anerkennen im Wert und in den Gaben ihrer Mütterlichkeit. Es liegt an ihnen, alle Facetten ihres Weiblichen als wertvoll zu betrachten. Die Achtung für ihre mütterliche Seite kann nur von ihnen ausgehen. Was sie in sich selbst wertschätzen, strahlen sie auch auf andere aus.

Alle Frauen, die Mütter sind, kennen auch die Sorge, ihr Kind negativ zu prägen. Weil seelisches Leiden meist auf die Wunden der Kindheit zurückgeführt wird, richtet sich der Blick von Therapeuten daher unweigerlich auf die Mutter. Sie ist am meisten beim Kind, also wird ihr Verhalten, ihre Unreife oder ihre menschliche Schwäche der Grund dafür sein, wenn es Störungen beim Kind gibt. Das macht Frauen anfällig für Schuldgefühle. Mütter brauchen ein gutes Gespür für sich selbst, um zu erkennen, wann sie ihrem Kind gegenüber mehr aus Liebe reagieren, wann mehr aus der eigenen Angst. Sie brauchen aber auch ein gesundes Selbstbewußtsein, um nicht alle Verantwortung für das Verhalten ihres Kindes allein auf sich zu nehmen. Dieser mütterliche Einfluß wird in Gesprächen über die Mutter heute eher negativ bewertet. Die Freuden, die zusammen erlebt wurden, sind kaum Teil des Gesprächs. Zufriedene und erfolgreiche Menschen sprechen tatsächlich kaum davon, daß ihre Mutter die Ursache dafür ist, daß es ihnen heute so gut geht.

Muttersein geschieht immer auf dem Hintergrund der eigenen Lebensgeschichte. Da gibt es Brüche und Einschränkungen, die nicht einfach aufgehoben sind, wenn eine Frau Mutter wird. Die Geschichte mit der eigenen Mutter ist der Reifungsprozeß für jeden Menschen. Reif zu werden heißt auch, mütterlich mit sich selbst zu werden.

Ein anderer Aspekt des Mütterlichen besteht in der Übernahme von Verantwortung. Mütterliche Frauen fühlen sich für alles verantwortlich. Sie regeln den Tagesablauf der Kinder. Sie organisieren den Haushalt. Sie schauen, daß für alles gesorgt ist. Diese Rolle kann genauso eine Abteilungsleiterin übernehmen, eine Mentorin, die »am besten weiß«, wie die Arbeit getan werden sollte, und deshalb vielleicht alles selbst macht. Das hält andere Menschen in ihrer Nähe klein.

Es gibt auch heute noch Männer, die sich davor drücken, Verantwortung im eigenen Haus und Haushalt und in der Kindererziehung zu übernehmen. Doch manche Frauen ziehen die Verantwortung auch unbewußt an sich und beklagen sich dann darüber, daß die Männer sich zurückziehen und die Arbeit nicht sehen. Die Schattenseite der Verantwortung ist die Kontrolle. Manche Frauen üben Kontrolle aus, damit unbedingt alles so abläuft, wie sie es sich vorstellen. Viele Mütter erfüllen alle äußeren Notwendigkeiten und wollen alles in Ordnung halten, aber sie erfüllen keines ihrer wichtigen inneren Bedürfnisse. Alles im Griff zu haben hält sie davon ab, sich selbst zu spüren. Wichtig ist, daß Frauen lernen, die Last, die sie tragen, abzuschütteln und die Verantwortung zu teilen. Dazu müssen sie auch zulassen, daß sie Unterstützung brauchen und ein Mann dabei auch manches anders handhaben darf als sie.

Es läßt sich heute beobachten, daß viele junge Frauen sehr stark und selbstbewußt in die Ehe gehen. Sie haben ihr Leben selbst organisiert und waren für sich selbst verantwortlich. Doch sobald sie die Mutterrolle übernehmen, verfallen sie in alte Muster: Sie verhalten sich unterwürfig und werden depressiv. Offensichtlich geraten sie in ihrer Mutterrolle in eine einseitige Haltung des Gebens. Zweifellos muß eine Mutter viel geben. Aber sie kann das nur, wenn sie auch den Mut hat, etwas für sich zu beanspruchen. Sie muß nun lernen zu nehmen, ohne Schuldgefühle zu haben. Sie darf sich durchaus und mit vollem Recht Zeit nehmen für sich selbst.

Als wir mit unserer Mutter sprachen, daß man immer auch Zeit für sich braucht, hat sie das mit ihren achtundachtzig Jahren sofort verstanden. Sie meinte, sie habe sich immer im größten Trubel einfach hingesetzt und Kreuzworträtsel gelöst. Das war ihre besondere Art und Weise, sich einfach Zeit zu nehmen, sich dem Durcheinander einer Familie mit sieben Kindern zu entziehen. Und wir Kinder haben das seltsamerweise immer respektiert. Wenn die Mutter Kreuzworträtsel löste, kam keiner auf die Idee, ständig etwas von ihr zu wollen.

Viele Mütter sind heute überfordert, weil sie nicht den Mut haben, sich das zu nehmen, was sie brauchen. Sie nehmen vor lauter Muttersein die Frau in sich nicht mehr wahr. Aber auch als Mutter braucht die Frau einen Lebensausdruck, sie darf nicht einfach vergessen werden, sonst geraten Mütter aus dem Gleichgewicht. Wenn die Mutter zur Haltung des Gebens auch die des

Nehmens entwickelt, wird sie erfahren, daß ihr die Kinder ja auch viel zurückgeben. Sie geben ihr Liebe und Dankbarkeit, Lebendigkeit und Fröhlichkeit, Leichtigkeit und Phantasie. Viele Frauen nehmen unter Umständen auch heute zu wenig wahr, was sie von den Kindern bekommen.

Die gebende und nährende Haltung einer mütterlichen Frau kann ein Segen für andere Menschen sein. Sie kann Frauen aber auch dazu bringen, sich ausgebrannt und erschöpft zu fühlen. Allzu leicht besteht die Gefahr, nicht mehr nein zu sagen. Diese Frauen möchten anderen gerne geben, übersehen dabei aber oft, daß sie selbst auch etwas brauchen. Wenn sie immer die nur Gebende sind, versagen sie es sich, für sich selbst etwas zu nehmen. Sie versagen sich auch, daß andere ihnen etwas Gutes tun möchten.

In der Mythologie gibt es die verschlingende Mutter, die ihre Kinder frißt. Wenn die Mutter nicht gelernt hat loszulassen, dann ist sie in Gefahr, die Kinder zu vereinnahmen. Oder aber sie hat ihnen viel gegeben, weil sie selbst viel gebraucht hat. Sie hat ihre eigene Bedürftigkeit dadurch zu erfüllen gesucht, daß sie die Bedürfnisse der Kinder gestillt hat. Doch dann fordert sie Dankbarbeit von den Kindern. Dieser negative Aspekt des Mütterlichen läßt sich auch auf andere Situationen übertragen, wenn nämlich eine Frau dazu neigt, alles und jeden zu bemuttern, ohne zu spüren, ob der andere das braucht. Sie bemuttert ihren Mann und macht ihn auf diese Weise zum Kind. Sie bemuttert jeden Gast. Der fühlt sich anfangs gut behandelt. Doch irgendwann wird es ihm zuviel. Er bekommt Angst, vereinnahmt zu werden. Die Mutter redet ihm ein, welche Bedürfnisse er zu haben hat.

In einem Kurs für Frauen habe ich die Teilnehmerinnen zum Thema Mutter assoziieren lassen, was ihnen dazu einfiel. Da kamen dann Sätze wie: »*Fürsorge, immer dasein, nicht nein sagen können. Sich selbst aufgeben. – Nur für die Familie dasein, sorgen, sorgen, sorgen für andere. Andere Bedürfnisse wahrnehmen. – Immer präsent sein.*«

Aus diesen Worten spricht der Anspruch, den Mütter oft an sich selbst haben. Sie meinen tatsächlich, sie dürfen nicht nein sagen. Und sie erleben ihr Muttersein oft als anstrengend. Wenn sie immer für die Familie dasein und sich ständig um die Kinder sorgen müssen, brauchen sie auch Zeit für sich. Sie müssen ebenso für sich selbst sorgen. Sonst wird ihnen die Sorge für die Familie zuviel und macht sie aggressiv.

Wer dagegen diese Sorge auch für sich hegt, ist gerne Mutter. Das wurde in anderen Bemerkungen deutlich: »Mein Beruf als Mutter fällt mir sehr leicht, macht mir Spaß, gibt mir Bestätigung. – Die mütterliche Rolle stellt mich zufrieden, sie wird jedoch einseitig, wenn andere Frauenbilder sich nicht entfalten können. – In diese Rolle bin ich schon von Kind an hineingewachsen. Die Zeit mit meinen Kindern habe ich ausgekostet.« Hier spürt man, daß diese Frauen gerne Mütter sind. Sie sind dankbar für ihre Kinder. Sie genießen die Zeit mit den Kindern. Sie genießen es, wenn sie geben können. Sie verausgaben sich dabei nicht, weil sie aus einer inneren Quelle heraus schöpfen. Doch solche Frauen wissen auch, daß Muttersein nur ein Aspekt ist und wie jedes andere Bild der Frau auch Gefahren in sich birgt, wenn es einseitig gelebt wird: »Mütterlich sein ist mit dem Herzen dasein, für andere sorgen, aber in ihr liegt eine große Gefahr des Machtmißbrauchs für mich selbst (alles mit Mütterlichkeit zudecken) und für mein Gegenüber – Macht ausüben unter dem Deckmantel der Mütterlichkeit.«

Eva als Mutter alles Lebendigen zeigt uns Frauen, was es heißt, das Leben in allem zu erfahren. Eva hat es dazu gedrängt, die Frucht am Baum der Erkenntnis zu essen, sie wollte das Leben schmecken in allem, was es bietet. Sie hat es dadurch in aller Konsequenz erfahren, sie hat Glück erlebt und den Schmerz. Sie hat sich selbst erfahren und dadurch Erkenntnis gewonnen und ihre persönliche Reife.

Das ist ein wunderbares Bild für die Frau. Es drückt ihre Würde aus. An Eva können moderne Frauen lernen, ihre Würde als mütterliche Frau zu entdecken und diese Würde auch zu feiern. Dabei geht es nicht nur um die biologische Mutterschaft, sondern um eine bestimmte Grundhaltung dem Leben gegenüber. Jede Frau ist mütterlich, wenn sie das Leben wachsen läßt und es fördert, wenn sie dem Schwachen beisteht und ihn trägt und wenn sie den Menschen mit Wärme und Fürsorge begegnet. Mütterlichkeit zu bejahen heißt: die eigene Würde wahrnehmen. Und es heißt, einen spirituellen Weg zu gehen, ohne irgendwelche Methoden von Meditation lernen zu müssen. Allein die Haltung des Gebens und Nehmens, des Loslassens und Wachsenlassens zu lernen ist schon ein spiritueller Weg. Auf diesem Weg erfährt die Frau immer mehr das Geheimnis ihres Frauseins, aber auch das Geheimnis Gottes, der ja zutiefst Mutter ist.

Für uns Christen spiegelt die Mutter auch eine wichtige Seite Gottes wider. In ihr scheint etwas auf vom mütterlichen Gott. Beim Propheten Jesaja vergleicht sich Gott mit einer liebenden Mutter: »Kann denn eine Frau ihr Kindlein vergessen, eine Mutter ihren leiblichen Sohn? Und selbst wenn sie ihn vergessen würde: Ich vergesse dich nicht. Sieh her: Ich habe dich eingezeichnet in meine Hände.« (Jesaja 49,15f) Gott tröstet uns, wie eine Mutter ihre Kinder tröstet. (Vgl. Jesaja 66,13) Die größte Würde der Frau als Mutter besteht wohl darin, daß in ihr etwas von Gott selbst zum Ausdruck kommt: die mütterliche, tröstende, fürsorgliche und liebende Seite Gottes. Schon in der Frühzeit haben die Menschen das gewußt, wenn sie die Muttergöttin verehrten. Sie haben das Geheimnis der Mutter verstanden. Die Mutter repräsentiert etwas Wesentliches von Gott. Sie verweist auf die große Göttin, die uns Leben schenkt und die darüber wacht, daß das Leben sich wandelt, daß es heranreift, bis es sich im Tod endgültig wandelt. Sie ist die nährende Mutter, aber auch die Schicksalsgöttin, die die Fäden der Menschen webt. Sie ist die Mutter des Lebendigen. Sie bringt neues Leben aus sich hervor, schützt es, hegt es und wandelt es.

Anselm: *Du bist Mutter von drei Kindern und Großmutter von drei Enkelkindern. Was bedeutet es für dich und deine Identität, Mutter zu sein?*

Linda: *Schon als Kind wollte ich immer Mutter werden. Das lag einfach in mir. Sicher hat mich auch geprägt, daß meine eigene Mutter in ihrer Aufgabe Erfüllung gefunden hatte. Ich wollte auch gerne für andere sorgen und für sie dasein. Aber ich mußte als Mutter auch lernen, meine eigenen Bedürfnisse nicht nur hintanzustellen, sondern auch auf meine Wünsche zu schauen. Das ist mir nicht immer so gut gelungen, und wenn ich mich mal frustriert erlebt habe, war das immer ein Zeichen für mich, daß ich wieder mehr auf die Frau in mir achten mußte. Das Muttersein hat mir die Möglichkeit gegeben, noch ganz andere Seiten von mir zu leben, als sie im Beruf gefragt waren. Es hat mich gestärkt zu erfahren, daß ich führen und organisieren kann oder auch mitten im Chaos nicht aus der Ruhe falle. Ich mußte lernen, viel Geduld zu haben und den Kindern ihre Zeit zu geben, um zu reifen. Alle spontanen Gefühlsausdrücke der Kinder zu verstehen und zu führen war eine große Herausforderung. Aber es hat mein Einfühlungsvermögen für alle menschlichen Gefühlsebenen gestärkt.*

Meine Grenzen gut zu setzen war ein ständiger Lernprozeß. Die Kinder haben mir auch oft den Spiegel vorgehalten und mir deutlich alle meine Schattenseiten gezeigt. Das war unangenehm, hatte aber immer eine heilsame Wirkung. Sehr gern habe ich mit den Kindern draußen in der Natur alle Spiele meiner Kinderzeit gespielt. Dabei habe ich mich genau so frei und unbeschwert gefühlt wie sie.

Auch an der mangelnden Anerkennung habe ich gelitten, bis ich verstanden habe, daß das etwas in mir ist. Irgendwann war es nicht mehr wichtig, ob die Gesellschaft das honoriert oder nicht. Es ging allein darum, welchen Wert ich mir gab. Als die Kinder erwachsen waren und nicht mehr zu Hause gelebt haben, habe ich gespürt, daß ich mich jetzt verstärkt um das kümmern muß, was ich bisher zuwenig ausdrücken konnte. Darin habe ich eine große Chance gesehen, und darauf habe ich mich bei allem Loslassen der Kinder gefreut.

Das Muttersein hat mich weiter und verständnisvoller gemacht gegenüber allem, was Menschen fühlen und ausdrücken. Es war mein persönlicher Weg zu reifen.

Hagar – Die Verlassene und vom Engel Geschützte

Die Weltliteratur ist voll von Erzählungen über verlassene Frauen. Immer wieder geschieht es, daß Männer ihre Frauen verlassen. Früher war meistens ein Krieg der Anlaß, daß Männer von ihren Frauen gegangen sind und sie allein gelassen haben. Heute sind es häufig Eheprobleme. Oder der Mann verläßt die Frau, weil er sich in eine andere Frau verliebt hat. Die verlassene Frau ist nun jedoch keineswegs von allen guten Geistern verlassen. Sie steht unter dem besonderen Schutz Gottes.

Die Romane, die Frauen in ihrer Verlassenheit beschreiben, rühren Frauen zu Tränen. Da finden sie sich wieder. Offensichtlich gibt es in der Seele der Frau eine Ahnung davon, was es heißt, verlassen zu werden. Doch zugleich steckt in ihrer Seele der Impuls, daß Gott sie nicht verläßt. So hat es schon das Alte Testament gesehen. »Der Herr beschützt die Fremden und verhilft den Waisen und Witwen zu ihrem Recht.« (Psalm 146,9) Die Witwe ist ein typisches Bild für die verlassene Frau. Im Alten Testament ist das Urbild einer solchen verlassenen und zugleich doch unter dem besonderen Schutz Gottes stehenden Frau Hagar, die Sklavin des Abraham.

Da Sara, Abrahams Frau, unfruchtbar ist, gibt sie ihrem Mann ihre Magd Hagar, damit diese von ihm schwanger werden kann. Doch als Hagar tatsächlich schwanger ist, fühlt sie sich Sara überlegen und behandelt diese von oben herab. Als Sara sich daraufhin bei Abraham beschwert, übergibt der ihr die Magd: »Hier ist deine Magd; sie ist in deiner Hand. Tu mit ihr, was du willst.« (Genesis 16,6) Sara behandelt ihre Magd von da an so hart, daß diese davonläuft.

Hier wird ein negativer Aspekt des Frauseins sichtbar. Sara ist eifersüchtig. Sie kann es nicht ertragen, daß ihre Magd schwanger ist und sie nicht. So muß sie sie unterdrücken und ihr dadurch ihre Überlegenheit zeigen. Frauen erleben das häufig: Wenn sie in sich eine Stärke entwickeln, werden sie häufig von Frauen bekämpft. Manche Frauen können es nicht aushalten, daß andere Frauen etwas leben, was sie sich selbst verboten haben oder was ihnen nicht möglich ist. Anstatt sich über die Stärke einer anderen Frau zu freuen, müssen sie sie dann bekämpfen.

Hagar läuft ihrer Herrin davon. Als sie an einer Quelle in der Wüste sitzt, begegnet ihr der Engel des Herrn und spricht sie an: »Hagar, Magd Sarais, woher kommst du, und wohin gehst du? Sie antwortete: Ich bin meiner Herrin Sarai davongelaufen. Da sprach der Engel des Herrn zu ihr: Geh zurück zu deiner Herrin, und ertrag ihre harte Behandlung!« (Genesis 16,8f) Auf den ersten Blick scheint der Befehl des Engels eine Überforderung für Hagar zu sein. Sie soll einfach zurück in die alte Situation und die harte Behandlung ihrer Herrin ertragen. Hagars Reaktion erscheint typisch weiblich: Sie fühlt sich als Opfer und erträgt, was ihr aufgeladen wird. Doch in diesem Sinn ist der Befehl des Engels nicht zu verstehen. Hagar soll nicht in die Opferrolle gehen. Die Opferrolle tut einer Frau nicht gut, denn in der Opferrolle wird sie oft genug zum Täter. Sie opfert sich für andere auf, bestimmt damit zugleich aber ihre Umgebung. Indem sie sich aufopfert, übt sie Macht aus. Denn die anderen müssen ihr ja ihr Opfer lohnen. Oder sie verbreitet mit ihrer Opferrolle eine Atmosphäre von Ängstlichkeit, von Bedrückung, von schlechtem Gewissen. Neben einem Opferlamm kann man sich nicht wohl fühlen. Da läuft man ständig mit einem schlechten Gewissen herum.

Der Engel schickt Hagar aber zu ihrer Herrin mit einer Verheißung zurück: »Deine Nachkommen will ich so zahlreich machen, daß man sie nicht zählen kann ... Du bist schwanger, du wirst einen Sohn gebären und ihn Ismael (Gott hört) nennen; denn der Herr hat auf dich gehört in deinem Leid.« (Genesis 16,11)

Hagar kann die bedrückende Situation jetzt besser aushalten, weil sie in sich eine Verheißung trägt. Sie weiß um ihre Würde. Sie wird Mutter vieler Nachkommen werden. Ihr Sohn wird Bogenschütze sein, sein Leben wird gelingen. Weil Hagar weiß, daß sie eine unantastbare Würde hat und daß Gott um sie weiß und nach ihr sieht. Sie weiß, daß in ihr etwas ist, über das die Herrin keine Macht hat. Letztlich kann Sara sie nicht im Tiefsten verletzen. Hagar nennt Gott »El-Roi (Gott, der nach mir schaut)«. (Genesis 16,13) Weil sie von Gott in ihrer Würde gesehen wird, kann ihr niemand diese Würde nehmen. Sie hat in sich etwas Unzerstörbares und die Zeit Überdauerndes. Sie trägt in sich etwas Göttliches, über das die Welt keine Macht hat.

Viele Frauen stehen schwere Situationen durch, weil sie in ihrem Innersten um ihre Würde wissen. Das Leben, das in ihnen ist, wird weitergehen in dieser Welt. Das gilt nicht nur für Mütter, sondern auch für kinderlose Frauen. Wenn sie ein Gespür dafür haben, daß sie Hüterinnen des Lebens sind, können sie dieses Leben auch durch schwierige Situationen tragen und schützen. Und wenn sie wie Hagar darum wissen, daß Gott nach ihnen sieht, dann fühlen sie sich nicht allein gelassen, dann können sie die entwertenden Worte ihrer Umgebung nicht verletzen.

Aus vielen Erzählungen aus der Kriegszeit habe ich immer wieder herausgehört, wie stark die Frauen waren, die damals schutzlos aus den Kriegsgebieten flohen. Und nach dem Krieg waren es die »Trümmerfrauen«, die wesentlich zum Wiederaufbau Deutschlands beigetragen haben. Sie haben ihre Familie unter schwierigsten Umständen durchgebracht und trotz allem für die Kinder einen Raum der Geborgenheit geschaffen. In ihnen steckte etwas von der Kraft Hagars. Sie wußten offensichtlich um ihre Würde. Sie bewiesen Zähigkeit und Ausdauer, die Bewunderung hervorrufen müssen.

Als Sara Isaak geboren hatte, war sie zunächst glücklich. Doch dann sah sie, wie Ismael, der Sohn Hagars, ausgelassen umhertollte. Das konnte sie nicht ertragen. Sie konnte sich nicht am Sohn ihrer Magd freuen. So bedrängte sie Abraham, er solle seine Magd und ihren Sohn wegschicken. Abraham ist offensichtlich zu feige, seiner Frau zu widerstehen. Er tut es zwar ungern, aber er gibt dem Wunsch Saras nach. Doch Gott verheißt ihm, er solle sich nicht verdrießen, denn auch aus Ismael werde ein großes Volk werden.

So zieht Hagar mit ihrem Sohn wieder in die Wüste. Als der Vorrat an Brot und Wasser zu Ende geht, wirft Hagar ihren schreienden Sohn unter einen Strauch. Sie kann das Schreien ihres Sohnes nicht ertragen. Doch Gott schickt wiederum einen Engel, der Hagar die Augen öffnet und sie einen Brunnen in ihrer Nähe erblicken läßt. Hagar steht also auch diese schwierige Situation durch, weil ein Engel sie beschützt.

Es ist immer schlimm für eine Frau, wenn sie von ihrem Mann verlassen wird oder wenn ihr Mann sich von ihr trennt, weil ihm sein Beruf oder eine andere Frau wichtiger ist. Viele Fragen und Gefühle regen sich in ihr wie: Ich bin nicht gut genug. Er liebt eine andere Frau. Was habe ich nur verkehrt gemacht? Bin ich nichts mehr wert?

Hagar ist nahe dran, sich selbst und ihren Sohn aufzugeben. Doch der Engel, der das Schreien ihres Kindes und ihre eigene Not hört, öffnet ihr die Augen. Sie sieht den Brunnen, aus dem sie trinken kann. Der Engel zeigt ihr, daß sie nicht nur die Verlassene ist. In ihr selbst ist eine Quelle, aus der sie trinken kann. Sie hat in sich Ressourcen, aus denen sie schöpfen kann. Sie ist nicht abhängig vom Mann. Sie definiert sich nicht vom Mann her. Sie steht in sich selbst. Sie hat in sich Quellen, die nie versiegen. Wenn die Frau mit dieser inneren Quelle in Berührung kommt, dann steht sie auch Situationen der Verlassenheit durch. Sie gibt sich selbst nicht auf. In ihr blüht neues Leben auf, das von ihrer eigenen inneren Quelle gespeist wird. Sie definiert sich nun aus ihrer eigenen Würde, letztlich von Gott her.

Unwillkürlich entwickeln alle Frauen, die erleben mußten, daß ihr Mann von ihnen weggegangen ist, eine enorme Wut auf diesen, wenn er ihnen am Ende sagt, daß ihm in der Beziehung viel gefehlt habe. Sie meinen, wenn er das früher offen ausgesprochen hätte, dann hätten sie darauf reagieren können. So fühlen sie sich ohnmächtig, weil sie im nachhinein keine Chance mehr haben, Fehlendes in die Beziehung einzubringen.

Wenn ich nachfrage, ob es kein Anzeichen gegeben habe, daß dem anderen etwas gefehlt hat, dann sagen sie öfter, daß da schon Zeichen gewesen seien. Sie hätten sie aber nicht so ernst genommen, weil sie nicht vermutet hätten, daß davon gleich ihre Beziehung abhängt. In ihrer Wut erkennen sie, daß auch sie Wünsche an die Beziehung hatten, die nicht gelebt worden sind. Ihr tiefer Schmerz über das Verlassenwerden berührt die Zurückweisung, die sie empfinden, die Angst, wie ihr Leben jetzt weitergehen soll, und er berührt das mangelnde Vertrauen ihres Partners. Denn es ist das Vertrauen, mit dem wir Probleme angehen.

In Gesprächen spüren die Frauen, daß es ihre Aufgabe ist, sensibler zu werden für ihre eigenen Gefühle und Wünsche. Denn sie sind das Lebendige, das sie in die Beziehung einbringen, und dadurch wird diese erst selbst lebendig. Aber oft ist der Alltag so gefüllt mit Pflichten, daß sie das nicht mehr gespürt haben. Ihre Erfahrung, vom Mann verlassen zu sein, kann sie darauf stoßen, sich selbst nicht zu verlassen, nicht über ihre Gefühle hinwegzugehen und nicht nur bei anderen zu sein, sondern auch bei sich.

Ein Beispiel: Eine Frau, die mit einem indianischen Medizinmann verheiratet war und nun im Allgäu lebt, erzählte mir, daß es bei den Indianern auch passiert, daß ein Mann sich im reiferen Alter von seiner Frau abwendet und zu einer anderen geht. Natürlich erleben diese Frauen auch Schmerz und Trauer des Abschieds, aber nicht in dem Gefühl, die Verlassene zu sein, sondern sie gehen in die aktive Rolle. Sie geben ihn frei und werden selbst frei. Sie sagen dazu: »Ich gebe ihn frei, und er bleibt immer mein Mann.« Sie meinen damit, daß nichts ausgelöscht ist von den gemeinsamen Jahren und daß die neue Beziehung des Mannes nicht mit ihrer gleichgesetzt werden kann, sondern einfach etwas anderes ist. Das verletzt nicht ihren Wert in dem Maße, wie es viele Frauen hier erleben, sondern sie leben damit, daß es in der Liebe genau wie in der Natur Werden und Vergehen gibt, ohne sich ständig zu martern, was ihre Schuld daran sein könnte. Die Männer kommen mit der anderen Frau auch in die Familie. Bei dieser Erzählung imponiert der Aspekt des aktiven Freigebens, den die Natur auch Menschen immer wieder abverlangt und den sie auch auf die Liebe zwischen Mann und Frau beziehen. Bei uns geht es viel um Suchen nach der Schuld und Suche nach Fehlern, um Groll und Verletztheit, um das Gefühl, an Wert verloren zu haben. Die Indianer leben stärker die Hingabe an das Leben. Frauen haben es dort allerdings leichter, weil sie in so einer Situation von der Gemeinschaft stärker getragen werden.

An Hagar fasziniert verschiedene jüdische Dichter vor allem das Brunnenmotiv. Für Nelly Sachs ist der Brunnen, an den der Engel Hagar führt, ein Ursymbol der Hoffnung:

> *»Aber deine Brunnen*
> *Sind deine Tagebücher*
> *O Israel«*

Und Ben-Chorin besingt Hagar in ihrer höchsten Not, in der sie doch auf Hilfe vertraut:

> »*In ihre müden Mägdehände*
> *Barg sie ihr Haupt, das tränenschwere*
> *Und ahnte einen Engel im Gelände*
> *Aus eines fremden Gottes Flammenheere.*
>
> *Sie dachte nur – ein Engel ward daraus,*
> *Der neigte sich ihr zu in lichtem Schein*
> *Und war ein Trost und ein Zuhaus*
> *Und ein Geborgensein.*«

Die Situation, in die Hagar geraten ist, ist Frauen in keiner Zeit fremd. Immer wieder werden Frauen von ihren Männern verlassen oder gar verstoßen. Oft ist wie bei Hagar eine andere Frau schuld, die der Mann ihr vorzieht. Dann fühlt sich die Frau wirklich wie eine Sklavin, die alles für den Mann getan hat und nun gehen kann, weil er sie nicht mehr braucht, weil er sich einer anderen Frau zugewandt hat. Sie fühlt sich als Putzfrau mißbraucht, die seine Wohnung und Kleider in Ordnung gehalten hat, aber jetzt in die Wüste geschickt wird, weil sie nicht mehr gebraucht wird.

Wenn Frauen zu sehr das Mütterliche leben, ist oft die erotische Frau in ihr nicht mehr präsent. Sie kommt dabei zu kurz. Frauen können sich mit zuviel Mütterlichkeit auch schützen vor der erotischen Seite ihres Frauseins, denn da fühlen sich viele Frauen oft nicht frei. Sie spüren, wie alte Bewertungen sie daran hindern, offener zu sein. Meist fühlen sie sich auch bedrängt von den Erwartungen des Mannes, und sie erleben sich dann eher in der abwehrenden Rolle. Das kann ein Reizthema in einer Beziehung sein, und oft gibt es darüber nicht den Austausch, den beide brauchen, um sich mit ihrem Bedürfnis geachtet zu fühlen. Es ist für Frauen oft besonders verletzend, wenn der Mann sie deswegen verläßt und eine andere Frau vorzieht.

Viele Frauen, die verlassen wurden, tun sich schwer, noch an ihre Würde zu glauben. Sie fühlen sich in der Wüste und geben sich selbst auf. Sie hungern und dürsten nach Liebe und drohen in der Wüste zu verdursten. Manche entwickeln dann einen abgrundtiefen Haß auf alle Männer. Sie sehen nur noch das Negative an ihnen. Dann entstehen Vorurteile wie: »Die Männer sind alle gleich. Es geht ihnen nur um Sex, um ihr Vergnügen, um ihren eigenen Vorteil. Sie sind verantwortungslos. Sie kennen keine Treue und wirkliche Liebe.« Es ist verständlich, wenn sich solche Vorurteile in Frauen bilden, die von ihren Männern verlassen worden sind. Es ist eine tiefe Verletzung. Doch starke Frauen verarbeiten diese Verletzung und entwickeln ihre eigenen Stärken. Sie benützen ihre Aggression, um den Mann, der sie verlassen hat, aus sich herauszuwerfen. Und sie verwandeln ihre Aggression in den Ehrgeiz, selbst leben zu können. Sie bekommen Lust, ihr eigenes Leben zu gestalten und Fähigkeiten zu entwickeln, die bisher verborgen in ihnen lagen.

Eine Frau im mittleren Alter mußte beispielsweise erleben, daß sie nach 40 Jahren von ihrem Mann wegen einer jungen Frau verlassen wurde. Sie hatten Kinder großgezogen und ein großes Haus gebaut. Der Mann konnte seiner Karriere nachgehen, weil die Frau zu Hause alles organisiert und gemanagt hatte. Sie war durch das Weggehen ihres Mannes zutiefst verletzt und am Ende ihrer Kräfte. Sie glaubte, daran zu zerbrechen. Nach einer schwierigen Zeit, in der sie sich der Situation offen gestellt hatte, sagte sie auf einmal den Satz: »Vielleicht war es ja auch ein Geschenk an mich, das mein Mann mir damit gemacht hat. Ich bin jetzt gezwungen, mich einmal ganz auf mich zu konzentrieren und ganz neue Seiten an mir zu entdecken. Ich muß ein ganz neues Leben anfangen, und darin sehe ich jetzt auch eine große

Chance.« In diesem Moment klang sie versöhnt, sie hatte ihre *Würde wiedergewonnen und ihre Kraft.*

Wo erfahren heute Frauen, die von ihren Männern verlassen und in die Wüste geschickt werden, den Engel, der ihnen die Augen öffnet? Oft sind es Freundinnen, die der verlassenen Frau beistehen. Sie vermitteln ihr das Gefühl, daß sie trotzdem wertvoll ist, daß sie in sich einen großen Reichtum hat. Sie soll das Gefühl der Trauer, des Schmerzes und der Wut in den Ehrgeiz verwandeln, ihr Leben selber zu gestalten. Sie ist nicht nur die Frau ihres Mannes. Sie ist selbständig. Sie ist die Mutter eines Bogenschützen. Ihr Leben wird gelingen. Sie findet das Ziel, auf das sie den Pfeil schießt.

Manchmal ist es auch ein Buch, das zum Engel werden kann. Es öffnet vielleicht einer Frau die Augen, daß sie ihre Situation anders einzuschätzen lernt. Manchmal ist es die Erfahrung in einem Gottesdienst oder in einer Meditation, die ihr die Gewißheit gibt: »Mein Leben wird gelingen. Ich werde niemals einsam sein. Ein Engel ist bei mir. Der Engel, das ist die Gewißheit meiner göttlichen Würde, das ist meine spirituelle Seite, das ist meine Ahnung von Gott, vom Geheimnis des Lebens. Das Leid, in das mich mein Mann gestürzt hat, öffnet mir die Augen für meine unantastbare göttliche Würde. Der Mann kann mich verlassen. Er kann mich verletzen. Aber meine Würde kann er mir nicht nehmen.«

Frauen, die ihren Mann durch Tod verloren haben, fühlen sich meist in tiefer Verbindung zu ihm und besprechen in der Stille mit ihm, was sie bewegt. Er ist ihr Engel, der sie begleitet und ihnen Halt gibt, wenn sie sich verzweifelt fühlen. Andere Frauen suchen oft einen Platz in der Natur, einen Baum, an den sie sich lehnen können und der ihnen durch seine Beständigkeit Trost vermitteln kann.

An Hagar können Frauen lernen, auch in schwierigsten Situationen, auch im größten Schmerz nicht in Selbstmitleid zu versinken oder in der Anklage gegen den eigenen Mann oder die Männer insgesamt zu verharren, sondern das Leben selbst in die Hand zu nehmen und aus dem Brunnen des Lebendigen zu trinken, der in ihnen selbst sprudelt. In jeder Frau ist eine Quelle, die nie versiegt. Es ist die göttliche Quelle der Liebe, der Weisheit, der Kraft. Das Leid bricht oft die äußeren Fassaden nieder. Aber auf dem Grund des eigenen Lebenshauses sprudelt die Quelle, die nie versiegt. Manchmal wird sie erst freigelegt, wenn das, was wir darüber aufgebaut haben, zusammenstürzt. Viele Frauen haben die Stärke der Hagar in sich. Sie haben verletzende Erfahrungen überwunden und sind daran gereift. Sie haben Verlassenwerden und Entwertung durch ihren Mann erfahren und sind nicht daran zerbrochen. Sie haben vielmehr eine Stärke und Weisheit entfaltet, die Bewunderung verdient.

Einen Menschen loszulassen, ihn nicht festzuhalten, sondern ihn freizulassen für das, was er leben will, braucht viel innere Kraft, und es braucht ein großes Maß an Liebe. Frauen spüren vor allem die Trauer, die Verzweiflung oder die Wut, sie spüren kaum, daß es auch Liebe ist, die bereit ist loszulassen. Sie brauchen in dieser Situation sehr viel Vertrauen, das Vertrauen, daß sie aus eigener Kraft leben können.

Die Sängerin Gila Antara hat in einem Lied die Gefühle der Frauen, die Verlassenheit erlebt haben, ausgedrückt:

> *»Ich frage mich, warum du mich verlassen*
>   *mußtest,*
> *einfach so davongehen.*
> *Ich habe geweint und gehofft,*
> *daß du zu mir zurückkommen würdest*
> *und mit mir für immer zusammenbleiben.*

*Aber du drehtest dich nicht mehr um
und du schautest nicht mehr zu mir zurück,
verlassen mußte ich all meinen Kummer und Schmerz
　anschauen,
aber durch das alles habe ich gelernt, mit der Kraft in
　mir zu leben,
und ich werde stärker mit jedem Tag.*

*Und nun gehe ich aufrecht,
mein Herz schlägt für alle Wesen,
die Winde gehen und die Flüsse fließen
und Liebe ist in meinem Herzen, wohin ich auch gehe.*

*Und ich sehe die Sonne aufgehen,
die Schönheit von Schnee und Eis,
Freude hebt die Sorgen hinweg und der Schmerz
　schmilzt dahin,
seitdem ich gelernt habe, mit der Kraft in mir zu leben,
　und ich werde stärker mit jedem Tag.«*

Wieviel Mut und Tapferkeit, wieviel Vertrauen und Lebenskraft liegt in den Frauen, die durch ihre Verlassenheit und Verzweiflung hindurch das Leben immer neu wagen.

Anselm: *Hat dir der Archetyp der Verlassenen und zugleich vom Engel Geschützten geholfen, mit deinen Verletzungen umzugehen? Wie bist du umgegangen mit Erfahrungen von Verlassenwerden?*

Linda: *Ich habe natürlich Gefühle von Verlassenheit aus der Kindheit. Wenn ich mich daran erinnere, dann ist es wie in der Geschichte von Hagar. Es gab fast immer einen Menschen, der in der Situation wie ein Engel neben mir war.*

Später war es auch Musik, ein Buch oder ein Gebet, die mich begleitet haben, wenn ich Trost gesucht habe. Es gibt in jedem Menschen wohl eine innere Kraft, und die habe ich auch erfahren, durch die man fähig ist, damit fertig zu werden.

Als erwachsene Frau kenne ich Gefühle von Verlassenheit, wenn mein Mann wegen seines Berufs längere Phasen nicht dasein konnte. Es war immer eine Herausforderung, ganz aus eigener Kraft zu leben, und das hat mich gestärkt. Es hat mir auch gezeigt, daß es darum geht, mich selbst nicht zu verlassen, sondern zu spüren, was ich jetzt brauche, um mich eben nicht verlassen zu fühlen. Es war mir meist eine Hilfe, jemanden anzurufen oder zu schreiben, einfach in Kontakt zu treten und zu sagen, wie ich mich fühle. Statt Verlassenheitsgefühle habe ich dann Verbundenheitsgefühle gespürt, danach war alles leichter.

Es war immer ein beglückendes Gefühl für mich, wenn in so einer Situation jemand unverhofft da war, auch durch einen Anruf oder einen Brief. Dann sind die Freude und die Dankbarkeit darüber besonders tief.

Hanna – Die weise Frau

In vielen Märchen begegnet uns die weise alte Frau. Im Märchen »Die Gänsehirten am Brunnen« führt eine alte Frau, die von manchen als Hexe bezeichnet wird, die Tochter des Königs in das Leben ein und fordert zugleich einen jungen Grafen heraus, beziehungsfähig zu werden. Auch im Märchen »Die Nixe im Teich« ist es eine weise alte Frau, die der Frau des jungen Jägers drei Instrumente gibt, damit sie ihren Mann der Nixe entreißen kann. Immer kennzeichnet das Spinnrad die weise alte Frau. Sie hält die Fäden des Lebens in der Hand und spinnt sie richtig zusammen. Sie knüpft die Fäden zwischen Eltern und Kindern, zwischen Mann und Frau.

Die weise Frau kennt die richtige Zeit, etwas in Angriff zu nehmen. Sie kennt die Rhythmen der Naur und der menschlichen Seele. Oft wird die weise alte Frau auch Großmutter genannt. In manchen Märchen ist es gar die Großmutter des Teufels. Sie ist in Berührung mit dem Dunklen des Lebens und kann damit gut umgehen. Im anderen Märchen wird die weise Frau als »Wurzelsophie« beschrieben. Sie weiß um die Heilkraft der Kräuter, ist in Berührung mit der Weisheit der Natur. Die weise Frau führt ein in die Kunst des Lebens. Vor allem unterweist sie junge Frauen in das Geheimnis der Sexualität und der Fruchtbarkeit und Geburt. Und sie hat einen Sinn für das Klärende und Ordnende. (Vgl. Riedel, S. 108) Auch heute gibt es weise alte Frauen. Sie ziehen junge Frauen an, die bei ihnen Weisheit suchen, Klarheit über ihren Weg und Befreiung von inneren und äußeren Verwicklungen. In der Bibel ist für mich das beste Beispiel für den Archetyp einer solchen weisen Frau Hanna. Lukas erzählt von ihr im Zusammenhang mit der Geburt Jesu. Der Evangelist beschreibt Hanna als Prophetin: Sie ist »eine Tochter Penuels, aus dem Stamm Ascher. Sie war schon hochbetagt. Als junges Mädchen hatte sie geheiratet und sieben Jahre mit ihrem Mann gelebt; nun war sie eine Witwe von vierundachtzig Jahren. Sie hielt sich ständig im Tempel auf und diente Gott Tag und Nacht mit Fasten und Beten.« (Lukas 2,36f)

Die Namen sagen etwas vom Wesen dieser Frau aus. Hanna bedeutet »die von Gott Begnadete«. Hanna ist von Gott besonders geliebt und mit Gaben ausgestattet. Sie hat nicht nur die Gabe der Prophetie, sondern auch der Weisheit. Sie ist die Tochter Penuels. Penuel heißt: Gottes Angesicht. Hanna hat Gottes Angesicht geschaut. Sie ist eine Frau, die Gott erfahren hat. Und sie stammt aus dem Stamm Ascher. Ascher bedeutet »Glück«. Hannas Leben ist geglückt. Ihre Weisheit hat ihr geholfen, inneren Frieden zu finden und glücklich und froh zu sein. Auch die Zahlen, die Hannas Leben beschreiben, sind voller Symbolik. Sie war sieben Jahre verheiratet. Sieben ist die Zahl der Verwandlung. Sie hat die Liebe zu einem Mann erfahren, die sie verwandelt hat. Und sie ist nun vierundachtzig Jahre alt. Achtzig ist die Zahl der Ewigkeit und Unendlichkeit, der Transzendenz, die einbricht in unser Leben. Und vier steht für die vier Elemente. Sie war damit also eine Frau, die mitten im Leben stand und in Berührung mit dem Irdischen war. Und sie war zugleich offen für Gott. Mit beiden Füßen auf dem Boden stehend, war sie immer empfänglich für das Göttliche. Hanna verkörpert die weise alte Frau. Nicht umsonst wird im Griechischen die Weisheit, »Sophia«, als weibliche Göttin beschrieben. Und auch das Alte Testament schildert die Weisheit als eine Frau, die schon zu Beginn der Schöpfung bei Gott war und vor Gott spielte.

Erich Neumann, ein Schüler von C.G. Jung, hat in seinem großen Werk »Die Große Mutter« die Sophia beschrieben: Die weise Frau unterscheidet sich vom weisen Mann dadurch, daß ihre Weisheit immer an die irdische Grundlage der Wirklichkeit gebunden ist. (Neumann, S. 305) Die Sophia ist immer auch ein Bild für die nährende Mutter. Aus ihrer Brust strömt ein Herzquell der Weisheit, »die geistnährende Weisheit des Gefühls und der Mitte«. (Ebd., S. 308) Neumann beschreibt die Sophia »als geistige Macht liebend und rettend, ihr strömendes Herz Weisheit und Nahrung zugleich«. (Ebd., S. 309)

Jakob Grimm, der mit seinem Bruder Wilhelm deutsche Märchen gesammelt hat, schreibt in seiner »Deutschen Mythologie«: »Männer verdienen durch ihre Taten, Frauen durch ihre Weisheit Vergötterung.« (Vgl. Riedel, S. 142) Offensichtlich haben die Germanen den Frauen besondere Weisheit zugesprochen. Die Frauen hatten teil an der Weisheit der germanischen Göttinnen, etwa der Göttin Hulda, die noch in Frau Holle im Märchen weiterlebt.

Die Frau besitzt oft ein Wissen, das dem Mann fehlt. Sie kennt die Zusammenhänge der Natur. Schon durch ihre größere Nähe zur Erde und zur Materie und von ihrem Mondrhythmus her ist sie eingeweiht in die Geheimnisse der Natur. Das macht manchen Männern angst. Sie verschanzen sich hinter dem rein Rationalen und lehnen alles Wissen der Instinktwelt und der geheimen Zusammenhänge in der Natur ab. In der Geschichte sind aus solchen Mißverständnissen die Hexenverfolgungen entstanden. Frauen haben zu Bildern einen besseren Zugang. Sie haben als Therapeutinnen oft einen klareren Blick als Männer. Sie sind gute Ärztinnen und Heilerinnen. In der Volkstradition waren Frauen oft Gesundbeterinnen, die ihr Wissen von einer Generation an die andere weitergegeben haben. Man ging zu Frauen, die als Wahrsagerinnen über ein geheimes Wissen verfügten. »Der römische Geschichtsschreiber Tacitus berichtet, daß die meisten germanischen Frauen mantische Fähigkeiten besessen hätten und die Zukunft voraussagen konnten.« (Riedel, S. 142) Erich Neumann erklärt diese weissagenden Fähigkeiten der

Frauen mit deren größerer Nähe zum Unbewußten, aus dem sie ihre Weisheit schöpfen können.

Wir können die Traditionen der alten Germanen nicht einfach wiederholen. Aber es wäre gut, die Weisheit zu entdecken, die in diesen Traditionen steckt. Und gerade für Frauen wäre es wichtig, ihr eigenes Wissen zu ehren und zu entfalten und ein gesundes Selbstwertgefühl zu entdecken. Denn Frauen wissen etwas, was Männer nicht kennen und nicht verstehen. Frauen sollten nicht in Konkurrenz zum männlichen Wissen treten. Das männliche Wissen geht oft in die Breite. Männer wissen viel und können gut darüber reden. Die Weisheit der Frau geht in die Tiefe. Über diese Weisheit kann man nicht einfach nur reden. Sie wird erspürt. Frauen sollten ihrer eigenen Weisheit trauen.

Auch heute gibt es weise alte Frauen wie Hanna. Sie urteilen nicht, wenn man ihnen von seinem Leben erzählt. Sie verstehen alles. Sie sehen auf den Grund. Sie sprechen nicht viel. Doch wenn sie etwas sagen, dann trifft es den Nagel auf den Kopf. Sie spüren genau, was der andere braucht. Sie drängen sich dem anderen nicht auf. Doch wenn jemand in Not ist, sind sie zur Stelle. Ingrid Riedel erklärt das dadurch, daß in der größten Not im Menschen der Archetyp der weisen Frau wach wird. Daher ist man auch offen für die Weisheit einer Frau in der eigenen Umgebung. Sie kommt dann wie »zufällig« vorbei. Oder aber wie im Mächen »Die Nixe im Teich« träumt man von einer weisen Frau, die einem den Weg zur Rettung zeigt.

Weise Frauen haben ein feines Gespür für die Weisheit der Natur. Sie leben der Natur entsprechend. Sie haben eine innere Verbindung zur großen Mutter der Schöpfung. In der Schöpfung begegnen wir ja dem mütterlichen Gott. Und diesem mütterlichen Gott stehen die weisen alten Frauen sehr nahe. Solche Frauen entwickeln Rituale, in denen sie ihr Frausein feiern. Sie haben immer auch Ahnung von der heilenden Kraft der Natur. Sie wissen um die Heilkräuter. Und sie können anderen Frauen zeigen, was ihnen guttut, wie sie ihre Wunden heilen können. Die Frau zeigt eine andere Weisheit als der Mann. Es ist nicht das Wissen, das aus vielen Kämpfen und Fahrten erworben ist, sondern ein Wissen, das aus einer tiefen Verbundenheit mit allem kommt. Die weise Frau hat teil an der Weisheit der Schöpfung. Sie weiß um die inneren Gesetze der Natur. Sie weiß um Geburt und Sterben, um Werden und Vergehen. Sie kennt aus eigener Erfahrung die Geheimnisse des menschlichen Lebens.

Die weise Frau weiht ein in das Leben und in die Liebe. Sie weiß Rat, stellt aber auch Forderungen. Sie gibt Impulse – die der Ratsuchende selbst verwirklichen muß. Sie weiß um die Rhythmen der Natur und des Lebens, aber auch um seine dunklen und zerstörerischen Seiten. In der christlichen Tradition wurden die weisen Frauen, wie Frau Holle und Frau Perchta, oft in häßlicher Gestalt dargestellt oder als Hexe bezeichnet. Die germanischen Göttinnen wie Hulda oder Hel (davon kommt das Wort Hölle) konnten Segen und Fluch bringen, Leben und Tod. Die Verdrängung der germanischen Göttinnen führte in der Geschichte dazu, daß die Weisheit der Frau abgewertet wurde. Die positiven Attribute der weisen Frau wurden auf Maria projiziert. Maria ist die Mutter der Weisheit. Sie hat die Sehnsucht der Menschen nach der weisen Frau auf sich gezogen.

Weise Frauen haben in anderen Kulturen immer eine besondere Achtung erfahren. Aufgrund ihrer Lebenserfahrung und ihrer Weisheit wurden sie gerne um Rat gefragt. In der heutigen Zeit ist Jugendlichkeit hoch angesehen, was dazu geführt hat, daß die weise Frau an Bedeutung verloren hat. Doch viele Frauen sehnen sich wieder danach, einer weisen Frau zu begegnen. Sie spüren, daß sie sich im Alltag oft verlieren und nicht mehr in ihrer weiblichen Kraft stehen. Sie wünschen sich, eine Frau in ihrer Nähe zu haben, die Lebenserfahrung, Geduld und Milde ausstrahlt, eine Frau, die weise und gütig auf sie schaut, wenn sie sich ihr anvertrauen mit allem, was sie in ihrem Frauenleben bewegt.

Eine weise Frau hat einen größeren Überblick, sie sieht die Dinge auch von oben. Sie urteilt nicht, sie läßt es auf sich beruhen. Sie führt eine Frau von ihrem äußeren Geschehen weg in das Innere. So kann diese wieder zu ihrer eigenen Mitte finden und ihrer Situation einen neuen Sinn geben.

Es geht aber nicht nur darum, daß Frauen solchen weisen Alten begegnen. Sie sollten auch den Archetyp der weisen Frau in sich zulassen. Jede Frau trägt die weise Frau in sich. Doch sie ist oft verdrängt und fristet ein kümmerliches Dasein unter einer Decke von Selbstentwertung. Die Begegnung mit dem Archetyp der weisen Frau bringt die Frau in Berührung mit der eigenen Weisheit, mit dem geheimen Wissen, das in ihr verborgen liegt.

Mit einer weisen Frau verbinden wir nicht nur Weisheit, sondern auch Lebenserfahrung, Würde, Wärme und Weitherzigkeit. Wenn wir weisen Frauen begegnen, spüren wir oft, daß diese Frauen in sich ruhen. Sie haben das Leben von allen Seiten kennengelernt. Sie haben aus ihren positiven und ihren schmerzhaften Erfahrungen Einsichten gewonnen, die sie zur Weitsicht geführt haben. Ältere weise Frauen strahlen auch eine Dankbarkeit aus für das, was sie im Leben erfahren durften. Sie sind offen für das, was ihnen begegnet, aber sie fordern nichts mehr, sondern freuen sich an dem, was ist. Sie drängen ihre Weisheit nicht auf, aber sie sind da, wenn andere sie brauchen.

Hanna war offensichtlich eine solch weise alte Frau. Als sie das Kind in den Arm nahm, »pries sie Gott und sprach über das Kind zu allen, die auf die Erlösung Jerusalems warteten«. (Lukas 2,38) Sie spürte das Geheimnis dieses Kindes. Sie erkannte mit ihren weisen Augen, daß das Kind die Sehnsucht der vielen, die auf die Erlösung warten, erfüllen wird. Durch das Kind kommt etwas in die Welt, was sie befreit, was sie aus den Fesseln löst, die sich über sie gelegt haben. Hanna pries Gott für dieses Kind. Sie sah in dem Kind die Weisheit Gottes aufleuchten. Weise Frauen haben oft einen Blick für das Wesentliche eines Menschen. Sie sehen schon im Kind das, was es einmal verkörpern wird. Von solchen weisen Frauen geht Friede aus und Weite. Sie bewerten nicht, sondern begegnen jedem mit Wertschätzung. Sie tragen zur Erlösung bei. Sie helfen mit, daß sich ein Knoten löst, daß Starres sich auflöst und Dunkles sich erhellt.

Weise Frauen sind auch unter jüngeren Frauen anzutreffen. Sie haben oft durch Kindheitserfahrungen zu innerer Weisheit und Klarheit gefunden. Jede Frau hat den Aspekt der weisen Frau in sich. Doch wenn Frauen sich zu einseitig orientieren an Leistungsstreben und Perfektion, wenn sie ihrem weiblichen Instinkt nicht mehr trauen und nicht danach handeln, verlieren sie die Verbindung zur weisen Frau. Die weise Frau in uns führt uns wieder zu unseren weiblichen Wurzeln. Sie vermittelt uns, mit unserer Weiblichkeit liebevoll umzugehen. Dieses liebevolle Umgehen meint auch, auf die Weisheit unseres Körpers zu hören: Was will mir ein Körper durch eine bestimmte Krankheit mitteilen? Worauf muß ich mehr achten? Diese Weisheit führt uns wieder zu dem, was wir in uns nicht genug geachtet haben.

Anselm: *Wo begegnest du heute weisen alten Frauen? Und wie geht es dir mit dem Archetyp der weisen Frau in dir selbst? Was sagst du Frauen, die ihrer eigenen Weisheit nicht trauen?*

Linda: *Für mich war es erstaunlich, wie vielen weisen Frauen ich im Allgäu begegnet bin. Das mag dort an der tiefen Verbindung zur Natur liegen, aber auch daran, daß auf dem Land nicht nur Traditionen, sondern auch tiefe Weisheiten der vorangegangenen Generationen weitergegeben werden. Die Übersättigung durch äußere Einflüsse ist dort geringer, so bleiben die Menschen auch mehr bei sich.*

Auf die weise Frau in mir versuche ich besonders zu hören, wenn ich wichtige Entscheidungen zu treffen habe. Dann suche ich die Stille, denn ich weiß, daß ich in mir finde, was ich brauche. Diese Entscheidungen, die aus der Verbindung zur weisen Frau in mir kommen, sind meistens unkonventionell. Nicht die Äußerlichkeiten sind mir dann wichtig, sondern wie ich am besten ausdrücken kann, was jetzt zu mir gehört. Die weise Frau in mir sagt mir auch, daß ich auf meinen Körper hören soll, weil in ihm eine tiefere Weisheit für mich liegt.

Frauen, die ihrer eigenen Weisheit nicht trauen, spüren oft Unsicherheit, wenn es um sie selbst geht. Sie sind oft viel mehr bei anderen als bei sich. Aber im Erzählen kommt ihre tiefere Weisheit immer zum Vorschein, entweder als Frage, die sie sich stellen, oder als Wunsch, den sie äußern. Ihre Seele weiß genau, was sie brauchen. Ich versuche nur, sie in ihrem Vertrauen in diese Kraft zu stärken.

Judit – Die Kämpferin

Viele Frauen haben den Eindruck, daß sie ständig kämpfen müssen. Oft sind sie des Kämpfens müde. Sie sehen im archetypischen Bild der Kämpferin kein helfendes Bild. Und doch könnte dieses Bild viele Frauen mit den Kräften in Berührung bringen, die in ihnen bereitliegen. Das Ziel eines Kampfes ist immer das Leben.

Im Buch über den Mann habe ich den Archetyp des Kriegers in seiner Ambivalenz beschrieben. Ebenso hat auch die Kämpferin ihre Stärken und Schwächen, sie bedeutet als Typos zugleich Herausforderung wie Gefährdung für eine Frau. Die Kämpferin ist diejenige, die in sich *anima* und *animus* integriert. Das *animus* ist der männliche Seelenteil, die *anima* der weibliche. In der Kämpferin bekämpfen sich *anima* und *animus* nicht gegenseitig, sondern sie wirken gemeinsam, damit die kämpferische Energie nach außen zu strömen und dort dem Leben zu dienen vermag.

Unter den Feministinnen gibt es viele Kämpferinnen. Aber sie kämpfen oft gegen die Männer. Oder sie kämpfen gegen Seiten an sich, die sie nicht wahrhaben möchten. Die Kämpferin wird nur dann für das Leben kämpfen, wenn sie mit sich selbst im Einklang ist. Sonst kämpft sie letztlich gegen sich selbst und verbraucht alle ihre Energie in einem unfruchtbaren Kampf der Selbstzerfleischung. Die Integration des animus ist die Voraussetzung, daß die Frau den Archetyp der Kämpferin auf fruchtbare Weise verwirklicht.

Im Alten Testament erfüllt Judit den Archetyp der Kämpferin. Judit heißt eigentlich: die Jüdin. Sie ist die typische Vertreterin des Volkes Israel, eine Frau, die den Geist des Stammes Juda in sich verkörpert. Und sie ist die Frau, die für das Volk einsteht. Als die jüdische Stadt Betulia von Nebukadnezzar bedrängt wird und das ganze Volk schon bereit ist, sich dem feindlichen Feldherrn Holofernes auszuliefern, da tritt Judit auf den Plan. Von ihr heißt es, daß sie mit Manasse verheiratet war. Doch der hatte vor drei Jahren bei der Gerstenernte einen Hitzschlag erlitten und war gestorben. Nun lebte sie als Witwe. Sie fastete und trug Witwengewand. »Sie hatte eine schöne Gestalt und ein blühendes Aussehen.« (Judit 8,7) Von ihrem Mann hatte sie Reichtum geerbt. »Niemand konnte ihr etwas Böses nachsagen; denn sie war sehr gottesfürchtig.« (Judit 8,8) Sie war also eine Frau, die innerlich wie äußerlich schön war. Ihr äußerer Reichtum ist Bild des inneren Schatzes, den sie in sich trägt. Und sie war gottesfürchtig. Sie lebte aus Gott als ihrem tiefsten Grund.

Diese in sich und in Gott ruhende Frau widersetzt sich dem Plan der Ältesten, die Stadt nach fünf Tagen auszuliefern. Sie tritt ihnen entgegen und tadelt sie heftig: »Es war nicht recht, was ihr heute vor dem Volk gesagt habt.« (Judit 8,11) Die Ältesten erkennen ihre Weisheit an. Und sie bitten sie, sie möge Gott um Regen anflehen. Dann bräuchte man sich nicht dem Feind zu ergeben. Doch Judit antwortet ihnen, der Herr werde durch sie eine Tat vollbringen, »von der man noch in fernsten Zeiten den Kindern unseres Volkes erzählen wird«. (Judit 8,32) Ein großes Selbstvertrauen spricht aus diesen Worten. Dann legt sie ihr Bußkleid ab, wäscht und salbt sich und macht sich schön, »um die Blicke aller Männer, die sie sähen, auf sich zu ziehen«. (Judit 10,4) Sie setzt also bewußt ihren Charme ein, um Macht über die Männer zu bekommen. Aber sie tut es nicht um ihrer eigenen Macht willen, sondern im Dienst Gottes. Sie wagt sich ins feindliche Lager hinein und fasziniert den Feldherrn Holofernes. Er sagt zu seinem Gefolge: »Es gibt von einem Ende der

Erde bis zum andern keine zweite Frau, die so bezaubernd aussieht und so verständig reden kann.« (Judit 11,21) Holofernes möchte sich die Gelegenheit nicht entgehen lassen, mit Judit zu schlafen. Judit trinkt und ißt mit Holofernes. Doch der betrinkt sich in seiner Gier nach der schönen Frau und schläft ein. So schlägt ihm Judit mit seinem eigenen Schwert den Kopf ab und steckt ihn in einen Sack. Gemeinsam mit ihrer Dienerin verläßt sie das feindliche Lager und kehrt nach Betulia zurück. Sie zeigt den Ältesten den Kopf des Holofernes: »Der Herr hat ihn durch die Hand einer Frau erschlagen.« (Judit 13,15) Am Morgen ziehen die Männer aus der Stadt gegen das feindliche Heer. Die Wachen wollen Holofernes aufwecken. Doch da entdecken sie, wie er tot auf dem Boden liegt. Auf ihr Geschrei hin verwirrt sich das ganze Heer und flieht. Die Israeliten aber fallen über die fliehenden Assyrer her und vernichten sie.

Die Ältesten kommen zu Judit und preisen sie: »Du bist der Ruhm Jerusalems, du bist die große Freude Israels und der Stolz unseres Volkes.« (Judit 15,9) Die Frauen Israels kommen zu Judit und singen ihr Lob. Sie stellen sich zu einem Festreigen auf. Judit führt den Reigen an. Und so tanzen die Frauen gemeinsam und drücken ihre Freude darüber aus, daß die Feinde durch die Hand einer Frau vernichtet wurden. Judit selbst singt ein Lied: »Ihr Held fiel nicht durch die Kraft junger Männer, noch traten ihm hohe Recken entgegen. Nein, Judit, Metaris Tochter, bannte seine Macht mit dem Reiz ihrer Schönheit.« (Judit 16,6)

Viele Dichter waren fasziniert von der Gestalt Judits. Sie haben Judit auf ihre Weise verstanden. Georg Kaiser und Jean Giraudoux sehen Judit als Frau, die »sich den Konventionen, Zwängen und Erwartungen ihrer Zeit entzieht«. (Motté, S. 167f.) Doch den meisten Schriftstellern geht es um die Begegnung zwischen Judit und Holofernes. Gegenüber dem nüchternen Bibeltext schildern sie Judit als eine Frau, die in Liebe zu Holofernes entbrennt und ihn dann tötet, entweder aus Rachsucht oder weil sie sich diese Liebe verbietet. Bertolt Brecht, Max Frisch und Rolf Hochhuth haben die Gestalt der Judit aktualisiert. Judit setzt sich und ihr Leben aufs Spiel, um eine Stadt (Bertolt Brecht), einen Mann (Max Frisch) oder ein ganzes Volk (Rolf Hochhuth) zu retten. Judit ist bei allen die mutige Frau, die ihre ganze Existenz einsetzt, um für das Leben zu kämpfen.

Judit verkörpert die starke Frau, die Kämpferin. Die Kämpferin ist ein wichtiges Bild für Frauen – allerdings ein Bild, mit dem sich heute viele schwertun. Ihr Kampf ist anstrengend und bringt nichts. Kämpfen heißt aber eigentlich: sich schützen. Judit hat sich selbst und das Volk vor den Feinden geschützt. Sie hat darüber nachgedacht, wo sie verwundbar und kränkbar ist. Dort, wo man kränkbar ist, muß man sich schützen. Schützen heißt einmal, das Innere hüten und es bedecken. Dann heißt schützen auch: sich abgrenzen, dem anderen, der mir entgegentritt, die Grenze zeigen, die er nicht überschreiten darf. Kämpfen hat aber auch noch eine dritte Bedeutung: dem anderen entgegentreten, etwas selbst in die Hand nehmen, anpacken und angreifen. Wenn ich mich schütze, habe ich die Kraft, auch anderen entgegenzutreten. Ich darf nicht gegen alle kämpfen, sondern ich muß in erster Linie für mich selbst einstehen.

Die Kämpferin in uns ist die Hüterin verletzbaren Lebens. Sie braucht die Aggression, um ihre Verletzlichkeit zu schützen. Sie kennt ihre empfindsamen Seiten, sie weiß, was sie kränkt, und sie hat gelernt, damit achtsam umzugehen.

Um die Kämpferin in uns zu achten, müssen wir unsere verletzbaren Seiten achten. Wir fühlen uns immer dann verletzt, wenn wir nicht als Person wahrgenommen werden, wenn uns jemand abwertet oder bestimmte Eigenheiten an uns lächerlich macht. Die Kämpferin kämpft hier nicht gegen jemanden, son-

dern sie kämpft für sich, für ihre Würde als Frau und um ihr inneres Kind zu schützen.

Unsere Verletzlichkeit hat auch immer mit dem Mädchen in uns zu tun. Was dieses Mädchen früher als Kränkung erfahren hat, spürt die erwachsene Frau immer noch als ihre Verletzlichkeit. Als Kind hat sie sich vielleicht nur dadurch schützen können, daß sie einen Panzer um sich gelegt hat. Als erwachsene Frau hat sie eher ihre persönliche Abwehrstrategie entwickelt, um anderen gar keine Gelegenheit mehr zu geben, sie zu treffen. Vielleicht greift sie dann selbst ständig andere an oder sie fühlt nicht mehr, was sie kränkt. Aber die Kämpferin muß wissen, wo ihre empfindsame Seite liegt. Es ist gerade ihre Sensibilität, mit der sie für sich kämpfen kann. Sie verfügt über ein gutes Gespür dafür, wann andere sie schwächen wollen durch Abwertung, durch Vorwürfe oder Schuldgefühle.

Die Kämpferin in uns läßt sich die Spielregeln von anderen nicht aufzwingen, sie kämpft nach ihren Regeln. Sie setzt ein entschiedenes Nein zum anderen: »Halt! Auf dieser Ebene will ich nicht mit dir reden. Aber ich höre zu, wenn du mir offen sagst, was du wirklich willst!« Sie nimmt ihre Aggression wahr und setzt sie ein als Zeichen der Abgrenzung und des Schutzes für sie selbst. Sie zieht sich bei einem verbalen Angriff nicht zurück, sondern sie geht auf den anderen zu und steht zu sich in ihrer Empfindsamkeit. Sie kann dann in aller Klarheit sagen: »Ich will nicht, daß du so mit mir umgehst!« oder »Ich lasse mich nicht abwerten!« Sich selbst zu schützen verleiht jeder Frau Stärke und Kraft.

Oft wird die Kämpferin von Frauen unterdrückt, Frauen wollen eher Harmonie und Frieden. In ihrer Aggression fürchten sie sich oft davor, zerstörerisch zu wirken oder die Liebe anderer zu verlieren. Ein Nein zu anderen kann jedoch gleichzeitig ein Ja zu sich selbst bedeuten. Dieses Ja spiegelt wider, was ich in mir achten und schützen will und ich damit auch anderen zumute.

In der Geschichte von Judit habe ich erst einmal befremdet darauf reagiert, daß Judit Holofernes den Kopf abschlägt. Ich habe mich gefragt, was das für uns Frauen heute bedeuten kann. Aber ist es nicht gerade der Kopf, in dem feindseliges Denken stattfindet? Im Kopf ist das Machtzentrum. Ohne Verbindung zum Herzen und zum Bauch werden Menschen hart. Sie schalten ihr Mitgefühl für Schwächere aus. Weil sie sich selbst nicht spüren, können sie auch nicht erahnen, wie andere sich fühlen. Das bringt sie in Gefahr, sich ihr Lebensrecht nur auf Kosten anderer zu holen. Sie müssen andere schwächen, um sich stärker zu fühlen.

Viele Frauen erleben diese Schwächung, wenn sie durch verletzende Bemerkungen mundtot gemacht werden. Sie spüren die Feindseligkeit, die von solchen Menschen ausgeht. Da geht es nicht um eine offene Aggression, die es möglich macht zu kämpfen. Sie werden durch hinterhältige Angriffe auf ihr Aussehen oder ihre Lebensweise so geschwächt, daß sie sich ohnmächtig fühlen und passiv leiden. Die Kämpferin in der Frau kann hier aus der Achtung vor sich selbst entgegentreten. Sie kann fragen: »Warum brauchst du es, mir das zu sagen? Wo liegt das wirkliche Problem?« Dieses klare Benennen stellt Kontakt her. Wenn sie die Schwächung nicht annimmt, sondern das Problem auf die Beziehungsebene hebt, führt sie das Gespräch und kann zu einer Lösung beitragen. Sie kann dem feindlichen Denken die Kraft nehmen, das kann in einen Dialog führen. Es bringt sie aber unter Umständen auch dazu, diese Menschen zu meiden. Sie kann sich dadurch schützen, indem sie sich bewußtmacht, daß sie die emotionalen Probleme anderer nicht lösen muß.

In ihrem beruflichen und gesellschaftlichen Umfeld fühlen sich heute viele Frauen auch als Kämpferin. Sie kämpfen um Anerkennung, um Macht und Erfolg, sie kämpfen für eine gerechtere Welt und für gesündere Lebensumstände. Sie wollen ihre

Fähigkeiten entfalten und öffentliches Leben mitgestalten. Diese Möglichkeiten konnten von Frauen lange Zeit nicht gelebt werden, sie haben es sich heute neu erkämpft. Doch wenn diese kämpferische Seite in einer Frau vorherrschend ist, läuft sie Gefahr, sich so für ihre Arbeit oder eine Aufgabe zu engagieren, daß andere Seiten ihres Frauseins nicht gelebt werden. Ihre emotionale, ihre sinnenfrohe Seite kann dabei zu kurz kommen und sie aus dem Gleichgewicht bringen. Die Kämpferin ist eine wichtige Seite an einer Frau, aber sie darf sich nicht mir ihr identifizieren und in ihr aufgehen. Sonst kämpft sie an allen Fronten und verliert dabei den Kontakt zu anderen Seiten ihres Frauseins.

Frauen haben bei einem gemeinsamen Wochenendseminar zum Bild der Kämpferin aufgeschrieben: »Hab ich so intensiv gelebt, hat mich so viel Kraft gekostet, will ich nicht mehr. – War ich ein Leben lang. – Ist mir auf die Dauer zu anstrengend. – Die Kämpferin mit Maß und Ziel möchte ich werden. Einsatzkraft nicht mit Durchsetzungsvermögen verwechseln. – Kämpfen ist wichtig, wenn ich den Drang dazu in mir spüre. Auf Dauer ist Kämpfen anstrengend. Das Gegenstück zum Kampf ist für mich Geduld, ohne aufzugeben. – Das Leben war mit vielen Kämpfen, auch Überlebenskämpfen verbunden. Manchmal bin ich müde. – Für die Wahrheit einsetzen und Kämpfen lohnt sich langfristig, jedoch langer Atem. – Kämpfen fällt mir schwer. Kostet viel Kraft.«

Die Frage ist, wie diese Frauen ihren Kampf verstanden haben. Vermutlich haben sie ständig gegen andere gekämpft, gegen den Mann, der sie nicht ernst genommen hat, gegen die Schwierigkeiten, die von außen auf sie eingeströmt sind. Viele hatten den Eindruck, beim Kämpfen keinen festen Boden unter den Füßen zu haben. Sie haben nach allen Seiten gekämpft. Ein solches Kämpfen kostet Kraft. Echter Kampf kann jedoch auch eine Kraftquelle sein. Wenn ich Lust habe am Kämpfen, dann wächst mit dem Kampf meine Kraft. Doch wie muß dieses Kämpfen aussehen?

Die erste Bedingung ist, daß ich einen guten Stand habe. Ich kann nur kämpfen, wenn ich mir meiner selbst bewußt bin, wenn ich meinen Standpunkt gefunden habe. Die zweite Bedingung ist, daß ich nicht gegen jemand bestimmten oder gar gegen jedermann kämpfe, sondern mit einem anderen. Indem ich mit einem anderen ringe, wächst mir Kraft zu. Ich spüre, daß ich mir etwas wert bin. Ich lasse mich nicht vom anderen bestimmen. Ich nehme die Herausforderung des Kampfes an.

Frauen können von Judit lernen, wie sie auf gute Weise kämpfen können, ohne ihre Kraft dabei aufzuzehren. Judit kämpft nicht mit Kraft, sondern mit ihrer Schönheit. Sie weiß, daß ihr die Schönheit von Gott gegeben ist, und sie setzt diese Gabe im Kampf ein. Sie muß sich nicht mit dem Mann messen und ihm beweisen, daß sie mehr Kraft hat. Da würde sie vermutlich unterliegen. Sie kämpft mit ihren eigenen Möglichkeiten. Und sie kämpft, weil sie um ihre Würde weiß. Sie hat einen festen Stand. Sie weiß, wer sie ist. Sie läßt sich nicht von Holofernes die Bedingungen des Kampfes vorschreiben, sondern sie bestimmt, wo sie übernachten und was sie essen will. Und sie wartet ab, bis der günstige Zeitpunkt gekommen ist, an dem sie ihre Möglichkeiten wahrnehmen kann. Wenn ich dagegen den Eindruck habe, ständig kämpfen zu müssen, dann sind die Bedingungen des Kampfes offensichtlich unklar. Ich kämpfe nach allen Seiten. Das ist in der Tat anstrengend.

Auf meine Frage: »Um was kämpfst du?« antworten meine Seminarteilnehmerinnen oft: »Ich kämpfe darum, daß ich wahrgenommen werde mit meinen Bedürfnissen. Ich kämpfe um Anerkennung für meine Arbeit in der Familie, für Anerkennung in meinem Beruf.« Dieses Kämpfen ermüdet, weil Frauen dann darauf warten, ihren Wert durch andere zu bekommen. Sie klagen, resignieren oder machen anderen Vorwürfe, doch diese ver-

stehen nicht, was sie wirklich wollen. Ihr Kampf ist verdeckt und nicht offen. Sie leben nicht aus dem Eigenen, sondern aus dem, was andere ihnen an Wert zusprechen oder vorenthalten.

Durch Klagen verliert eine Frau an Kraft, und es geschieht keine Veränderung. Sie braucht aber genau diese Kraft ihrer Aggression, mit der sie auf den anderen zugeht und deutlich sagt, was für sie wichtig ist. Wenn sie zu ihrem Bedürfnis steht und auch klar benennt, was sie braucht, um sich gut zu fühlen, achtet sie sich selbst. Sie achtet sich mit dem, was in ihr lebendig ist. Dann hat sie Kraft, und diese Kraft gibt ihr auch den Stand, den sie braucht, um etwas für sich zu erreichen.

Wenn ich mich selbst achte, fließen mir auch aus meinem Inneren Kräfte zu, die ich bisher noch nicht gekannt habe. Dann kann ich mit meinem Gegenüber auch darum ringen, eine Lösung zu finden, mit der jeder leben kann.

Die Opferhaltung ist ein negativer Aspekt der Kämpferin. Sie lebt ihre Aggression nicht offen, sondern über die Rolle des Opfers, das sich nicht zu wehren traut, das leidet und andere dafür verantwortlich macht. In der Opferhaltung sind Frauen auch in Gefahr, sich von anderen ausbeuten zu lassen oder ihre Aggressionen gegen sich zu richten.

So müssen gerade die Frauen, die den Eindruck haben, ihr Leben sei ein einziges Kämpfen und sie seien des Kämpfens müde, lernen, richtig zu kämpfen. Judit zeigt ihnen einen Weg, wie sie kämpfen können, ohne zu ermüden, nicht nur für sie selbst, sondern für das ganze Volk.

Die Gefahr der Kämpferin ist, daß sie gegen alles kämpft. In der Mythologie wird diese Schattenseite der Kämpferin als Amazone dargestellt. Die Amazonen werden in griechischen Epen als ein Volk von Kriegerinnen geschildert. Sie sind berühmt für ihre Tapferkeit. Sie fordern die griechischen Helden zum Kampf heraus. Vor Troja kämpft Penthesilea mit Achill und wird von ihm tödlich verletzt. Doch Achill verliebt sich noch in die sterbende Amazone. Heute bezeichnen wir Frauen als Amazonen, die sich einseitig mit dem Archetyp der Kämpferin identifiziert haben. Sie sind oft in sich hart und haben ihre Gefühle abgeschnitten. Meistens ist eine tiefe Verletzung der Grund, daß sich eine Frau einen Panzer anlegt und ständig mit Pfeilen um sich schießt. Sie muß sich schützen, damit sie nicht noch einmal so tief verletzt wird. Doch wenn die Frau sich mit diesem Archetyp identifiziert, schneidet sie sich von ihren weiblichen Seiten ab und wird einseitig. Sie schadet sich selbst und wird von ihrer Umgebung eher als negativ erlebt.

Ein Mann erzählte mir einmal, er sei Geschäftsführer in einer kirchlichen Einrichtung gewesen und immer sehr gut ausgekommen mit allen seinen Mitarbeitern und Mitarbeiterinnen. Zu Frauen hatte er immer eine gute Beziehung. Eine Kollegin jedoch hat ihm das Leben zur Hölle gemacht. All seine Versuche, mit ihr die Konflikte zu klären, liefen schief. Er konnte nicht mehr schlafen. Die Unfähigkeit, mit dieser Frau in ein gutes Gespräch zu kommen, hat ihn total besetzt. Er begann, an sich zu zweifeln. Doch offensichtlich war er an eine Amazone geraten. Sie war geschieden und projizierte seither die Verletzung, die ihr ihr eigener Mann zugefügt hatte, auf alle Männer und entwickelte daraus einen richtigen Männerhaß.

Es ist schwierig, mit einer solchen Amazone zusammenzuarbeiten. Es braucht einen Raum völligen Vertrauens, bis eine Frau ihren Panzer ablegen und ja zu sich und ihrer Verletzung sagen kann. Eine Amazone hat ihren animus nicht integriert, sondern sie ist von ihm besetzt. Das führt dazu, daß sie sich total mit der Kämpferin identifiziert und ihre weiblichen Seiten verdrängt. Sie muß sich besonders hart machen, aus Angst, sie könnte sonst von ihren fraulichen Eigenschaften am Kämpfen gehindert werden.

Ich erkenne hier vor allem die Frau in uns, die nicht weiß, wie sie ihre verletzbare Seite schützen kann. Dieses Bild kennen wir alle. Dann gehen wir Frauen entweder in den Rückzug oder wir legen uns Stacheln zu, an denen andere abprallen sollen. Im ersten Fall verlieren wir unsere Kraft, im zweiten vergeuden wir sie für einen Kampf, der nicht zum Ziel führt. Zu kämpfen bedeutet auch, eine Lösung zu finden, sonst ist der Kampf sinnlos. Er kann uns Frauen auch einsam machen, weil andere sich auf einen sinnlosen Kampf nicht einlassen wollen.

In unserer Lebensgeschichte sind manche Seiten besonders empfindsam geblieben. Es kostet oft Mut und Überwindung, uns diese Verletzlichkeit einzugestehen. Aber wenn wir unsere Empfindsamkeit achten als einen Teil unseres Lebendigseins, dann können wir uns auch schützen. Und wir schützen uns, wenn wir anderen klar entgegentreten und ihnen Einhalt gebieten, wenn sie nicht achten, was uns wertvoll ist.

Der Archetyp der Kämpferin kann eine Frau von diesen kämpferischen Fehlformen befreien. Sie klärt die Kraft der Frau und läßt sie in die Richtung fließen, in der sie zum Segen für die Menschen wird.

Anselm: *Wo hast du die Kämpferin in dir erlebt und wo hat sie dir geholfen, dein Leben zu bewältigen?*

Linda: *Als jüngere Frau hatte ich oft das Gefühl, daß ich die Kämpferin in mir stärker entwickeln müßte. Als ich mich für bessere Lebensbedingungen für Familien eingesetzt habe, habe ich mich als starke Kämpferin erlebt. Aber wenn andere mich persönlich angegriffen und abgewertet haben, habe ich mich oft wehrlos gefühlt. Das hat mich im nachhinein natürlich immer geärgert, aber in der Situation fiel mir meist nicht das Richtige ein, was ich hätte erwidern können. Zu dieser Zeit habe ich mir von anderen noch ihre Spielregeln aufzwingen lassen. Aber es hat mich auch auf den Weg gebracht, der Kämpferin in mir mehr Kraft zuzugestehen.*

Meinen Stand finde ich darin, mich selbst zu achten, wo ich verletzlich bin und was mir wertvoll ist. Daraus kann ich mich schützen und anderen entgegentreten, wenn sie dies nicht tun. Das ist ein ständiger Übungsweg, der die Kämpferin in mir lebendig hält.

Lydia – Die priesterliche Frau

In fast allen antiken Religionen und Kulturen waren Frauen Priesterinnen. Bei den Griechen spielten die Priesterinnen vor allem beim Kult der Artemis und des Dionysos eine wichtige Rolle. In Rom gab es die Vestalinnen, die Hüterinnen des heiligen Feuers. In römischer Zeit waren Frauen in besonderer Weise bei den Mysterienkulten aktiv. »Priesterin war die Frau in all den Bereichen, in denen sie die Rituale um die Initiationsweihe, um Geburt, Tod und Wiedergeburt, um Heilung und Wandlung vollzog.« (Riedel, S. 149)

Bei den Germanen gab es Priesterinnen, die für die Fruchtbarkeit der Natur zuständig waren. Und es gab Wahrsagepriesterinnen. In der Religionsgeschichte versteht man daher die Priesterin als ein archetypisches Bild, welches auch heute in jeder Frau etwas Wesentliches aktivieren möchte: die Fähigkeit der Verwandlung und das Schützen und Hüten des heiligen Feuers.

Das Neue Testament nennt uns keine Priesterinnen im Sinne eines Amtes oder Kultes. Doch es gab in der frühen Kirche viele Frauen, die Jesus genauso nachfolgten wie die Männer und die vor allem in den ersten Gemeinden eine wichtige Rolle spielten. Lukas berichtet uns in der Apostelgeschichte von der Purpurhändlerin Lydia. Sie stammte aus Thyatira in Lydien, einer Stadt, die durch Purpurproduktion ausgezeichnet war. Offensichtlich war Lydia eine wohlhabende Frau. Sie hatte einen eigenen Handel aufgebaut und das kostbare Gut nach Europa geliefert. Auf diese Weise hatte sie sich einen gewissen Reichtum erarbeitet. Sie unterstützte Paulus auch in Korinth mit ihren Gaben.

Und Lydia war eine gottesfürchtige Frau. »Der Herr öffnete ihr das Herz, so daß sie den Worten des Paulus aufmerksam lauschte.« (Apostelgeschichte 16,14) Sie ließ sich mit ihrem ganzen Haus taufen und drängte Paulus und seine Begleiter, in ihrem Haus zu bleiben. So wurde ihr Haus zur Hauskirche, zu einem Missionsstützpunkt für Paulus. Als Paulus und Silas aus dem Gefängnis in Philippi entlassen wurden, gingen sie wieder zu Lydia. »Dort fanden sie die Brüder, sprachen ihnen Mut zu und zogen dann weiter.« (Apostelgeschichte 16,40) Offensichtlich versammelten sich die Gemeindemitglieder regelmäßig im Haus der reichen Frau, und diese wurde eine Art Vorsteherin ihrer Gemeinde.

Wir wissen nicht viel von Lydia. Sie ist eine der vielen Fauen, die in der frühen Kirche eine bedeutende Rolle spielen, wie etwa auch die Diakonin Phöbe in Korinth oder wie Priska, Maria, Junia, Tryphosa und Julia in Rom und Evodia und Syntyche in Philippi. Diese Frauen boten ihre Häuser an, damit die Gemeinden sich dort versammelten. Sie traten genauso in Gottesdiensten auf wie die Männer. Sie prophezeiten, beteten und leiteten auch das Herrenmahl. Sie halfen Notleidenden und sorgten für die Missionare. (Vgl. Weiser, Die Frau im Umkreis Jesu, S. 130ff.) Frauen hatten letztlich die gleichen Funktionen der Gemeindeleitung inne wie die Apostel. Sie waren gleichberechtigte Jüngerinnen. Allerdings wurden die Frauen schon früh zurückgedrängt. Nur in gnostischen Kreisen waren sie in der Ausübung der Ämter gleichberechtigt. Dort durften sie taufen. Und dort waren sie Prophetinnen. In manchen Kreisen übernahmen sie sogar die Funktion urkirchlicher Bischöfe. (Vgl. Art. Frau, in: RAC S. 238f.)

Heute ist das Priesterliche in einer Frau nicht an ein Amt oder eine Funktion gebunden. Es ist eine innere Qualität der Frau, die in vielen Formen Ausdruck findet. Wenn wir unsere priesterliche Seite nur dadurch definieren, daß sie in einem Amt ausgedrückt wird, das männlich geprägt ist, sind wir innerlich nicht frei. Wir machen diese weibliche Seite dann davon abhängig, ob andere sie uns zugestehen oder nicht. Wir nehmen innerlich diese Begrenzung an und überlassen anderen die Verantwortung für unsere spirituelle Seite. Erst wenn wir uns innerlich von diesen eingrenzenden Strukturen lösen, kann sich äußerlich etwas verändern. Eine Frau kann jederzeit ihre priesterliche Seite leben und an andere weitergeben. Eine mütterliche Frau muß ebensowenig eine leibhafte Mutter sein, und eine königliche Frau braucht nicht im Amt einer Königin zu stehen, um diese weiblichen Kräfte auszudrücken.

Für uns ist das Bild der Priesterin als Hüterin des heiligen Feuers ein schönes Bild für das Wesen der Frau. Die priesterliche Frau hütet das heilige Feuer in dieser Welt. Feuer steht für Liebe und Wärme. Inmitten dieser kalten und liebesleeren Welt hütet die Priesterin das Feuer der göttlichen Liebe. Sie erweist damit dieser Welt einen wichtigen Dienst. Es ist ein heiliges Feuer. Das Heilige ist das, was der Welt entzogen ist. Darüber hat die Welt keine Macht. Die priesterliche Frau hat ein Gespür für das Heilige. Sie spürt das Heilige in sich selbst. Sie ist in Berührung mit dem Raum, über den die Welt keine Macht hat und zu dem die Urteile und Verurteilungen der Menschen keinen Zutritt haben.

Die Priesterliche verkörpert also den spirituellen Aspekt unseres Frauseins, sie verbindet Himmel und Erde. Sie versucht, das Menschliche mit dem Göttlichen zu verbinden. In ihren Alltagserfahrungen sucht sie nach dem tieferen Sinn des Lebens. Eine Geste, die das Priesterliche körperlich ausdrückt, stellt es so dar:

Die Priesterin steht mit beiden Beinen geerdet auf dem Boden und streckt sich aus nach oben, nach dem Göttlichen. Sie sucht in allem, was sie in ihrem Alltag erfährt an Leid und Enttäuschung, an Freude und Erfüllung, etwas, das über sie hinausweist auf etwas Größeres hin. Wenn Frauen in schwierigen Situationen mit ihren Möglichkeiten und Kräften am Ende sind, öffnen sie sich für eine Kraft von oben. Sie spüren, daß sie nicht alles selbst lösen können. Ihre Begrenzung zu erfahren macht sie bereit, auf eine höhere Kraft zu hoffen. Haben sie vorher Ängste durchlebt, spüren sie durch dieses Ausstrecken nach oben wieder mehr Vertrauen.

Manche Frauen, die sich in keiner Weise kirchlich fühlen, spüren bei dem Bild der priesterlichen Frau oft spontan, wie sie dieses Bild anspricht. Sie tragen eine Sehnsucht in sich, diesem Bild nahezukommen.

Oft haben Frauen auch leidvolle Erfahrungen gemacht, in denen sie die Priesterin in sich gebraucht haben, um damit fertig zu werden. Sie haben das Priesterliche als die Kraft gespürt, die sie über das hinaushebt, was sie an Leidvollem erlebt haben. Eine Frau erzählte, daß sie es bisher nicht benennen konnte, was ihr damals als Kind geholfen hatte. Aber als sie mit dem Bild der Priesterin in sich in Berührung kam, wußte sie, daß es diese Kraft in ihr war, die ihr immer weitergeholfen hatte.

Die priesterliche Frau ist spirituelle Führerin und Begleiterin. Es ist eine innere Kraft, aus der sie leben kann und die sie auch anderen weitergeben will. Sie möchte trösten und aufrichten, sie möchte Barmherzigkeit ausstrahlen. Sie hat gelernt, im Ausdruck der Menschen mehr zu sehen als das Vordergründige. Sie besitzt ein Gefühl für ihre innere Not. Die Priesterliche versucht, auch im schwierigen Mitmenschen immer wieder das Göttliche zu finden. Sie legt ihn nicht nur auf das fest, was sie sieht, sie spürt auch das Größere in ihm, das Heile.

Die priesterliche Seite einer Frau zeigt sich auch darin, daß sie durch ihr eigenes Leid, durch ihre Enttäuschungen und ihre Ver-

zweiflung hindurch immer wieder glauben kann und daraus die Kraft findet, sich aufzurichten.

Es ist ebenso diese priesterliche Seite, die eine Frau spüren läßt, wann es Zeit ist, sich in ihren inneren Raum zurückzuziehen, der ihr heilig ist. Die priesterliche Frau sehnt sich immer danach, aus einer tieferen Quelle zu leben.

Wenn eine Frau ihre priesterliche Begabung nicht leben kann, dann sucht sie ihre Erfüllung im Äußeren. Dann kann der Sinn ihres Lebens sich hauptsächlich darauf beziehen, wo sie den nächsten Urlaub verbringen will, welche Kleider sie unbedingt braucht oder in welchem Restaurant man am besten essen kann. Die negative Seite der priesterlichen Frau zeigt sich auch, wenn sie die Bodenhaftung verliert und nur zum Licht strebt, wenn sie frömmelnd wird und ihren eigenen Schatten nicht sieht.

Eine priesterliche Frau entdeckt die Spuren Gottes im Leben der Menschen und deutet diese Spuren. Frauen haben eine besondere Fähigkeit, die göttlichen Spuren im Menschen aufzuspüren und sie zu deuten. Sie sehen in jedem Menschen den göttlichen Kern.

Früher übernahmen die Priesterinnen auch die Rolle von Therapeutinnen. Die Rituale der Heilung lagen in ihrer Hand. Und bei den vielen Waschritualen spielten sie eine wichtige Rolle. Alle Frauen haben von Natur aus ein besonderes Gespür für die Wunden der Menschen. Sie kennen heilende Rituale, mit denen sie die Wunden der Menschen heilen. Die innere Priesterin besitzt ein Wissen davon, daß in jedem Kranken ein Kern ist, der ganz ist und heil. Der tiefste Grund jedes Menschen ist das Göttliche. Wenn ich das Göttliche auch mitten in meiner Krankheit entdecke, dann verliert die Krankheit ihre zerstörerische Macht. Sie wird für mich zum Weg in den göttlichen Kern. Die Heilungswege, die die priesterliche Frau beschreitet, beziehen immer die spirituelle Dimension mit ein. Sie führen die Menschen zu ihrem göttlichen Kern.

In der Frühzeit war die Priesterin zudem immer auch Fruchtbarkeits- und Wahrsagepriesterin. (Vgl. Neumann, S. 273) Eine Frau weiß um die große Bedeutung der Fruchtbarkeit. Dabei geht es der Priesterin nie nur um die biologische Fruchtbarkeit, sondern immer auch um die geistige. Es gehört zum Menschen, daß er Frucht bringt. Erik Erikson spricht von der »Generativität des Menschen«. Jeder Mensch muß auf etwas zurückblicken können, das durch ihn gestaltet worden ist. Die Priesterin fördert die Fruchtbarkeit. Teilhard de Chardin hat diese Seite der Frau in den drei Freundschaften mit Frauen erfahren, die er sein Leben lang aufrechterhalten hat. Für ihn war die Frau die Inspiration seines Werks.

In der Tat ist für viele Männer ihre Frau die »femme inspiratrice«, die inspirierende Frau. Sie fördert seine Kreativität. Sie lockt in ihm Leben hervor.

Bei einem Kurs haben sich Frauen über die Priesterin Gedanken gemacht und sie in vielen Bereichen ihres Lebens wiederentdeckt. Frauen schreiben zur Priesterin: »Die Priesterin vermittelt zwischen Gott und Menschen... bringt Menschen Gott näher... das wünsche ich mir als Aufgabe. – Meinen Kindern den Glauben nahezubringen, den Glauben in unserem Familienleben Teil sein lassen. – Die Priesterin kann anderen Menschen helfen, zu sich selbst und zu Gott zu finden, um dadurch ihr Leben besser meistern zu können. Die Priesterin kann heilen. Sie hat inneren Frieden gefunden und kann aus dieser Freiheit heraus geben – das möchte ich! – Sie ist in mir, aber noch nicht sicher nach außen. – Tiefstes Vertrauen ins Leben. – Großer, freier, leerer Raum – kann ich das sein? – Wir sind die ersten »Priester« im Leben unserer Kinder, künden vom Glauben. – Ein überfließendes Gefäß zu sein für Liebe und Freude, Himmel und Erde zu verbinden und Liebe und Freude durch mich in die

Welt strömen zu lassen. Sakrales Tanzen als Mittel oder Weg dafür wählen. – Jede von uns ist gesalbt – bei der Taufe. Gesalbt wie es in der Bibel Priester, Könige und Propheten wurden.«

Die Priesterin kann man auch als die große Wandlerin beschreiben. Was wir bei Maria als Geheimnis ihrer Existenz sehen, das gilt für jede priesterliche Frau. Frauen wissen um das Geheimnis der Wandlung. Sie sind vertraut mit Geborenwerden und Sterben. Alle Wandlung geschieht über Tod und Geburt. Eine Frau hat durch ihre priesterliche Seite ein gutes Gespür dafür, daß der Mensch sich nicht auf dem Erreichten festsetzen darf. Die Entwicklung geht immer wieder über das Sterben und Neuwerden. Wer lebendig bleiben will, muß sich wandeln. In der Eucharistiefeier wandelt der Priester Brot und Wein in den Leib und das Blut Jesu Christi. Die priesterliche Frau wandelt den Alltag, damit er durchlässig wird für das Eigentliche, für das Göttliche. In allem, was wir tun, möchte Gott berührt werden. Alles kann zum Bild für Gottes heilende und liebende Gegenwart werden und für Gottes verwandelnde Kraft.

Anselm: *Welche Erfahrungen hast du mit deiner eigenen priesterlichen Seite?*

Linda: *Meine priesterliche Seite ist mir erst seit ein paar Jahren bewußt. Früher habe ich sie eher verdrängt, da war auch noch viel Rebellion gegen manches Kirchliche in mir. Von der priesterlichen Frau in mir wollte ich da nicht viel wissen. Aber ich habe auch nie ein Bild dafür gefunden, das mir gezeigt hätte, was die Kraft der Priesterlichen in mir sein könnte. In schwierigen Situationen habe ich aber deutlich gespürt, daß diese in mir ist und mir Stärke verleiht. Ich kenne aber auch ihre Schattenseiten an mir, und ihnen gegenüber möchte ich sensibel bleiben.*

Maria Magdalena –
Die leidenschaftlich Liebende

Frauen sehnen sich nicht nur nach Liebe, die sie empfangen. In der Weltliteratur werden die Frauen auch als die großen Liebenden dargestellt. Der russische Dichter Dostojewski schildert in seinem Roman »Schuld und Sühne« Sonja als die große Liebende. Sie vermag den Mörder, der in sich selbst versteinert ist, vom Tode zu erwecken. Ihre Liebe bringt das Harte zum Strömen. Die Liebe verwandelt den unzugänglichen Mörder in einen Menschen. Immer wieder haben die Dichter das Lob von Frauen gesungen, die mit ihrer Liebe Menschen verzaubert und zum Leben gebracht haben.

Die Evangelien schildern uns Maria Magdalena als eine solche große Liebende. Sie wird von vielen Frauen geliebt als die leidenschaftliche Frau und die Frau, die zu lieben versteht. Sie ist die Freundin Jesu. Die kirchliche Tradition sieht sie oft zusammen mit der Sünderin aus dem Lukasevangelium. Dagegen wehren sich Frauen. Sie wittern in dieser Identifizierung die typische Moralisierung durch die Männerkirche.

Wir beschränken uns hier auf die Schilderung der Maria von Magdala, wie sie von Lukas und Johannes in ihren Evangelien beschrieben wurde. Lukas zählt sie als erste der Frauen auf, die Jesus auf seinem Weg begleiteten. Sie ist wohl eine starke Frau gewesen. Und sie stand Jesus sehr nahe. Von ihr sagt Lukas, daß sieben Dämonen aus ihr ausgefahren seien. (Lukas 8,2). Jesus hat sie von den Dämonen befreit, von ihrer inneren Zerrissenheit, von ihrer Entfremdung von sich selbst. Er hat sie zu ihrer eigentlichen Liebeskraft geführt. Daher wollte sie in seiner Nähe bleiben. Jesus hat ihr ihre Würde und Mitte wiedergegeben. So vermag sie aus ihrer Mitte heraus zu lieben. Sie liebte Jesus mit ihrer neu geweckten Liebeskraft.

Johannes schildert uns Maria von Magdala dann als die Frau, die als erste am frühen Morgen aufsteht und zum Grab läuft. Und sie darf als erste den Auferstandenen sehen. Sie wird zur »apostola apostolorum«, wie Augustinus sagt, zur Apostolin der Apostel. Johannes schildert die Szene, in der Maria sich auf den Weg zum Grab macht und dem Auferstandenen begegnet, als Liebesgeschichte. Er bezieht sich dabei auf Texte des Hohenlieds, des großen Liebeslieds im Alten Testament. Das Hohelied schildert die Liebe zwischen Mann und Frau, nicht die Liebe in der Ehe, sondern die Liebe zwischen zwei Verliebten. Sie genießen ihre Liebe und danken Gott für das wunderbarste Geschenk, das er dem Menschen gegeben hat, für das Geschenk der Liebe, die die Liebenden verzaubert: »Verzaubert hast du mich, meine Schwester Braut; ja verzaubert mit einem Blick deiner Augen, mit einer Perle deiner Halskette.« (Hoheslied 4,9)

Hierbei bezieht sich Johannes vor allem auf das dritte Kapitel des Hohenlieds. Da heißt es: »Des Nachts auf meinem Lager suchte ich ihn, den meine Seele liebt. Ich suchte ihn und fand ihn nicht.« (Hoheslied 3,1) So steht auch Maria von Magdala frühmorgens, als es noch dunkel war, auf, um den zu suchen, den ihre Seele liebt. Dreimal spricht die Braut im Hohenlied von dem, den ihre Seele liebt. Maria von Magdala fragt dreimal: »Man hat den Herrn aus dem Grab weggenommen, und wir wissen nicht, wohin man ihn gelegt hat.« (Johannes 20,2) Das zweite Mal richtet sie die gleiche Frage an die beiden Engel im Grab. Aber jetzt spricht sie von »meinem Herrn«, den man ihr weggenommen hat. (Johannes 20,13) Das dritte Mal wendet sie sich an den Gärtner: »Herr, wenn du ihn weggebracht hast, sag mir, wohin du ihn gelegt hast. Dann will ich ihn holen.« (Johannes 20,15)

Als Jesus sie mit ihrem Namen anspricht, wendet sie sich um und sagt zu ihm: »Rabbuni«, »Mein Meister«. Jesus ist ihr persönlicher Meister. Sie fühlt in ihrem Namen und in der Stimme Jesu, mit der er ihren Namen ausspricht, die Liebe Jesu zu ihr. Sie fühlt sich im Herzen berührt. Der Name genügt, um all die Liebe, die sie zu Jesus hatte, lebendig werden zu lassen. Sie umarmt ihn und sucht ihn festzuhalten, so wie die Braut im Hohenlied: »Ich packte ihn, ließ ihn nicht mehr los, bis ich ihn ins Haus meiner Mutter brachte.« (Hoheslied 3,4) Die Braut beschwört die Töchter Jerusalems mit den Worten. »Stört die Liebe nicht auf, weckt sie nicht, bis es ihr selbst gefällt.« (Hoheslied 3,5) Jesus dagegen fordert Maria auf, ihn nicht festzuhalten: »Denn ich bin noch nicht zum Vater hinaufgegangen.« (Johannes 20,17) Maria erfährt eine Verwandlung ihrer Liebe. Sie kann Jesus in ihrer Liebe nicht festhalten. Sie muß ihn loslassen. Er gehört dem Vater.

Wenn wir die Geschichte von Maria von Magdala auf dem Hintergrund des Hohenlieds lesen, dann können wir uns vorstellen, wie ihre Liebe war. Das Hohelied preist die Liebe, ohne auf moralische Vorschriften zu achten. Es ist eine freie Liebe zwischen Braut und Bräutigam. Sie wird in wunderschönen Bildern beschrieben: »Wie schön ist deine Liebe, meine Schwester Braut; wieviel süßer ist deine Liebe als Wein, der Duft deiner Salben köstlicher als alle Balsamdüfte. Von deinen Lippen, Braut, tropft Honig; Milch und Honig ist unter deiner Zunge. Der Duft deiner Kleider ist wie des Libanon Duft. Ein verschlossener Garten ist meine Schwester Braut, ein verschlossener Garten, ein versiegelter Quell.« (Hoheslied 4,10–12)

Diese Liebe hat Maria von Magdala offensichtlich Jesus gegenüber erlebt. Johannes bestätigt in seiner Auferstehungsgeschichte die Aussagen des Hohenlieds von der Liebe, die stärker ist als der Tod: »Stark wie der Tod ist die Liebe, die Leidenschaft ist hart wie die Unterwelt. Ihre Gluten sind Feuergluten, gewaltige Flammen. Auch mächtige Wasser können die Liebe nicht löschen; auch Ströme schwemmen sie nicht weg.« (Hoheslied 8,6f)

Die Auferstehung Jesu zeigt, daß die Liebe, die Jesus und Maria von Magdala verband, auch durch den Tod nicht vernichtet werden konnte. Sie überdauert den Tod. Der Tod wandelt sie nur. Es ist keine Liebe, die festklammert, sondern die freigibt; eine Liebe, die um das Geheimnis des anderen weiß. Im anderen ist immer etwas, das nicht dem Liebenden gehört, sondern Gott, ein Geheimnis, in das man nicht eindringen kann.

Johannes schreibt in seinem Evangelium von dem Jünger, den Jesus liebte. Dieser Jünger läuft auf die Botschaft der Maria von Magdala hin zum leeren Grab. Von ihm heißt es: »Er sah und glaubte.« (Johannes 20,8) Doch der liebende Mann kehrt allein nach Hause zurück. Maria von Magdala aber wird gewürdigt, daß sie dem Auferstandenen begegnen und ihn sogar berühren darf.

Es ist eine leidenschaftliche Liebe, die sie zu Jesus treibt. Das zeigt ihre Hartnäckigkeit, mit der sie dreimal nach dem Herrn fragt, den man ihr weggenommen hat. Und ihre Leidenschaft wird sichtbar in den Tränen, die sie vergießt. Mit ihrem ganzen Körper drückt sie ihre Liebe zu Jesus aus.

Die Tradition hat die leidenschaftliche Liebe der Maria von Magdala dadurch auszudrücken versucht, daß sie sie mit der Sünderin aus Lukas 7 identifizerte. Exegetisch ist das sicher falsch. Und in dieser Identifikation steckt auch die Gefahr, die Frau generell mit der Sünderin und Verführerin gleichzusetzen. Dagegen wehren sich Frauen heute zu Recht. Doch Legenden sind nie nur patriarchalisch. Sie haben immer einen größeren Horizont. Wenn wir die Legenden in diesem größeren Zusammenhang sehen, dann haben sie durchaus eine positive Aussage:

Lukas erzählt nicht moralisierend von der Sünderin. Sie wird von den Pharisäern als Sünderin bezeichnet. Doch Lukas schildert sie als eine leidenschaftlich liebende Frau, die von Jesus so angerührt ist, daß sie alle sozialen Hindernisse überwindet und sich den Zugang zum Gastmahl im Haus des Pharisäers verschafft. Sie achtet nicht auf die Vorurteile der Menschen, sondern folgt dem eigenen Herzen. Jesus läßt die Liebe, die sie ihm mit ihren Tränen und dem wohlriechenden Öl erweist, an sich geschehen. Und er lobt die Frau, »weil sie mir soviel Liebe gezeigt hat«. (Lukas 7,47) Die Legende schildert Maria von Magdala als die erleuchtete und andere erleuchtende Frau. Sie wird zur wirksamen Predigerin der Frohen Botschaft. Als sie von Jesus Christus spricht, »da verwunderte sich alles Volk der Schönheit ihres Angesichts und der Süßigkeit ihrer Rede. Das war kein Wunder, daß der Mund, der den Füßen unsres Herrn so süße und innige Küsse hat gegeben, besser denn die andern das Wort Gottes mochte predigen.« (Jacobus de Voragine, S. 473)

Wenn wir die Legende tiefenpsychologisch auslegen, so beschreibt sie Maria von Magdala als die leidenschaftlich liebende Frau. Sie liebt mit ihrem ganzen Leib. Sünde ist nicht in erster Linie Übertreten eines Gebots, sondern Verfehlen des Lebens. Maria hat nach der Legende mit ihrer Liebe zunächst das Ziel verfehlt. Doch da sie von ihrer Leidenschaft nicht ließ, fand sie schließlich in Jesus den, den sie mit aller Leidenschaft lieben konnte. Ihre Liebe verwandelte sie ganz und gar, so daß ihr Leib Gottes Licht und Schönheit ausstrahlte. Maria von Magdala ist als die erleuchtete Frau die große Mystikerin. Sie wird von den Engeln täglich in den Himmel gehoben. Das ist ein Bild für die Kontemplation, die sie übt. Sie ist in ihrem Gebet ganz bei Gott und erfährt jetzt schon den Himmel.

Maria von Magdala hat auch das Leiden erfahren und durchlebt. Gerade dadurch hat sie zur Liebe gefunden, zu einer Liebe, die stärker ist als jede zuvor. Sie läßt sich die Liebe auch durch den Tod Jesu nicht rauben. Sie sucht voller Leidenschaft auch nach dem Tod Jesu nach dem, den ihre Seele liebt. Sie bricht in Tränen aus und zeigt starke Gefühle. Und sie umklammert Jesus, sobald sie ihn erkennt. Ihre leidenschaftliche Liebe wird belohnt. Sie darf den Auferstandenen sehen und berühren. Und sie wird zur ersten Verkünderin der Auferstehung. Für sie ist die Auferstehung der Sieg der Liebe über den Tod. Ihre leidenschaftliche Liebe zu Jesus wird durch den Tod und die Auferstehung verwandelt. Aber sie behält ihre Kraft, sie ist stark in ihrer Liebe.

Die Legenden haben die Gestalt der Maria Magdalena den Menschen immer wieder vor Augen geführt. Heute ist ein neues Interesse an dieser großen Frau entbrannt. Es gibt zahlreiche Romane über sie. In ihnen wird sie als die Jüngerin Jesu, oft auch als Geliebte beschrieben. Offensichtlich begegnen die Autorinnen in ihr der großen Liebenden, die in ihnen selbst die Sehnsucht nach einer Liebe weckt, die stärker ist als der Tod.

Der arabische Dichter Khalil Gibran schreibt ebenfalls von dieser leidenschaftlichen Liebe, die Maria Magdalena zu Jesus geführt haben mag:
»Er blickte mich an und sagte: Der Friede sei mit dir, Miriam. Als er seine Stimme an mich richtete, sprach das Leben zum Tod. Denn wisse mein Freund, ich war tot. Ich war eine Frau, die sich von ihrer Seele getrennt hatte. Ich lebte getrennt von diesem ›Ich‹, das du jetzt vor dir siehst. Ich gehörte allen Männern und keinem. Man nannte mich eine Dirne und eine Frau, die von sieben Dämonen besessen ist. Ich wurde verflucht und beneidet. Aber als seine Augen der Morgenröte in meine Augen blickten, wur-

den alle Sterne meiner Nacht überstrahlt und ich wurde Miriam, einfach Miriam, eine Frau, die für die Welt verloren war, die sie gekannt hatte und die sich auf einer neuen Erde wiederfand.

Ich sagte ihm: Tritt ein in mein Haus und teile mit mir Brot und Wein! Er fragte mich: Warum lädst du mich, dein Gast zu sein. Ich aber bat ihn nur: Komm in mein Haus!

Und alles, was vom Himmel und von der Erde in mir war, schrie nach ihm. Er schaute mich an und der Mittag seiner Augen ruhte auf mir. Und er sprach: Du hast viele Liebhaber, Miriam, aber nur ich liebe dich. Die anderen Männer suchen sich selbst, indem sie dich lieben. Ich liebe dich um deinetwillen. Die anderen sehen in dir eine Schönheit, die schneller vergeht als ihre Jahre. Ich aber sehe in dir eine Schönheit, die niemals welken wird. Und noch im Herbst ihrer Jahre wird sie sich nicht zu fürchten brauchen, in den Spiegel zu sehen, denn sie wird nicht gedemütigt werden. Ich allein liebe, was in dir ist und was man nicht sieht.

Er schaute mich an und er sagte lächelnd: Alle Männer lieben dich um ihretwillen. Ich aber liebe dich um deinetwillen. Und er entfernte sich. Aber kein Mann ist je so geschritten wie er. War es ein Morgenwind, der in meinem Garten geboren wurde und zum Osten wanderte, oder war es ein Sturm, der alle Dinge bis in ihre Grundfesten erschütterte. Ich weiß es nicht. Aber an diesem Tag tötete der Sonnenaufgang in seinen Augen den Drachen in mir. Ich wurde eine Frau, ich wurde Miriam, Miriam von Magdala.« (Khalil Gibran, Jesus Menschensohn)

In der Begegnung mit Jesus erfährt Maria Magdalena die liebende Annahme. Jesus fordert nichts von ihr, er stellt keine Bedingung und keinen Besitzanspruch, er liebt sie, wie sie ist. Sie erfährt die Liebe, und so kann sie lieben, was in ihr ist. Dadurch wird sie frei. Sie wird frei von ihrer Angst, nicht genug geliebt zu sein. Das bewirkt, daß sie sich lösen kann aus ihrem Leiden und daß sie entdeckt, zu welcher Liebe sie fähig ist. Sie kann freigeben, was sie in sich hat, und sie kann andere liebend annehmen. Sie kann leidenschaftlich lieben.

Der Satz: »Ich allein liebe, was in dir ist und was man nicht sieht« drückt das aus, was Frauen mit Liebe verbinden. Auf meine Frage, wann sie sich geliebt fühlen, haben einige Frauen erwidert: Wenn sie von jemandem im Tiefsten wahrgenommen werden, wenn jemand ihnen in die Seele schaut und erkennt, wer sie sind oder wie sie sich gerade fühlen. Sie sind dann meist innerlich so berührt, daß sie weinen könnten. Dann spüren sie, daß jemand sie zu sich selbst geführt hat, zu ihrer tiefsten Sehnsucht und ihrer Kraft. Sie fühlen sich dann angesprochen zu lieben, was in ihnen ist und was sie nicht gesehen, was sie nicht angenommen haben.

Jede von uns hat das tiefe Bedürfnis, geliebt zu sein und selbst zu lieben. Aber um einen anderen wirklich lieben zu können, brauchen wir als erstes die Liebe zu uns selbst. Damit ist gemeint, daß wir ein liebevolles Interesse für uns selbst pflegen und Fürsorge für uns leben. Es meint, daß wir unsere Gefühle und unsere Besonderheiten, alles, was uns lebendig macht, in uns annehmen.
 Viele Frauen in meinen Seminaren berichten, daß sie irgendwann die Erfahrung gemacht haben, daß ihre Gefühle nicht so wahrgenommen worden sind, wie sie das gebraucht hätten. Genau hier brauchen wir die Selbstliebe, die nicht immer danach fragt, was sie gestern gebraucht hätte, sondern die entscheidet, was sie heute leben und ausdrücken will. Ein Beispiel: Eine Frau hatte viele Jahre lang an der Lieblosigkeit, die sie in ihrer Kindheit erfahren hatte, gelitten, bis sie eines Tages feststellte, daß es jetzt genug für sie war. Sie wollte anfangen, sich selbst so anzunehmen, wie sie war, und sie wollte bewußt auf die vielen kleinen Zeichen der Liebe achten, die sie von anderen bekam.

Dadurch hat sie erfahren, wieviel Liebe ihr entgegengebracht wurde. Es hat sie tief berührt, sie fühlte sich geliebt.

Frauen erkennen in meinen Seminaren oft, daß sie erst Liebende für sich selbst werden müssen. Sie spüren, wieviel sie in sich bewerten, was sie an sich nicht mögen und nicht annehmen können. Die Eigenschaften an ihnen, die als Kind negativ bewertet worden sind, bewerten sie heute an sich selbst. Manchmal sind es ihre Selbstzweifel, ihr Neid, ihre Ungeduld oder ihr Unvermögen, etwas zu können, das ihnen so unannehmbar erscheint. Annehmen meint aber, daß wir mit Liebe auf uns selbst schauen, auf das, was uns als Schwäche erscheint, und daß wir darin auch die Gaben erkennen, die darin verborgen liegen. Das kann ein langer Weg sein, auf dem wir uns immer wieder neu entscheiden müssen, uns selbst zu lieben.

Wer sich auf den Weg der Liebe macht, weiß, wie schwer es manchmal ist, die Liebe von allen Besitzansprüchen und von der Sucht, den anderen zu kontrollieren, frei zu halten. Es ist eine lebenslange Aufgabe, die Liebe zu lernen, die Leben weckt und dem Leben dient. Obwohl sich jede Frau nach Liebe sehnt, tun sich viele schwer damit, sich selbst zu lieben, ihren Körper gern zu haben, sich mit ihren Stärken und Schwächen zu akzeptieren, wohlwollend alles in sich wahrzunehmen, was ist. Viele Frauen lieben einen Mann oder eine Frau, um selbst geliebt zu werden. Doch wenn sie sich selbst nicht lieben, wird ihre Liebe unersättlich und oft genug auch erdrückend für den anderen.

Wir Frauen meinen oft, bedingungslos zu lieben, knüpfen jedoch in Wirklichkeit eine ganze Reihe von Bedingungen an unsere Liebe. Wir meinen, wenn unser Partner, unser Kind, unsere Eltern anders wären, dann könnten wir sie mehr lieben. Unser Blick richtet sich mehr auf das, was am anderen fehlt. Wir übersehen, was ist. Wir können den anderen nicht sein lassen, sondern wir haben Erwartungen, wie er sein müßte. Wir weisen ständig darauf hin, was er nicht gemacht hat, wir lassen ihn unzulänglich erscheinen, wir delegieren an ihn unser eigenes Problem.

Gerade da, wo manches durch den anderen nicht erfüllt wird, kann eine Frau ihre eigene Entwicklung voranbringen. Sie kann auf sich schauen und ins Leben bringen, was ihr guttut.

Es ist die Liebende in uns, die den anderen akzeptieren kann, wie er ist. Sie ist es, die das Gute in ihm hervorlocken will, die ihn zu seiner Größe bringen will. Als Liebende richten wir den Blick mehr auf die Fülle seiner Persönlichkeit als auf den Mangel. Die Liebende in uns ist auch die, die schweigt, wenn ein anderer einen Fehler macht und er diesen Fehler auch erkennt. Sie weist nicht noch auf den Fehler hin, sie läßt den anderen auf seine Weise zu eigener Reife finden.

Liebende zu sein bedeutet auch, zu sich zu stehen und aus dem eigenen Stand heraus auf den anderen zu schauen. Es ist die Liebende in uns, die dem anderen sagt, was sie braucht, und die zuhört, was der andere braucht. Sie verbindet es so, daß beide damit leben können. Etwas miteinander zu teilen, sich mitzuteilen und Anteil zu haben am Leben eines anderen Menschen drückt Liebe aus. Liebende zu sein meint einfach dazusein.

In der Liebenden findet sich immer die Liebe zum Leben. In Zeiten von Verlust oder Krankheit oder wenn wir Gefühle lange in uns unterdrückt haben, bringen wir nach einer schwierigen Zeit oft den Satz hervor: »Ich will einfach nur leben.« In diesem Augenblick sind wir Liebende für unser Leben, für alles Lebendige in uns. Eine etwa siebzigjährige Frau beeindruckte mich zum Beispiel tief, als sie erzählte, daß sie nach manchen gesundheitlichen Problemen einfach dankbar sei für das, was das Leben ihr gebe. Aus ihrer Liebe zum Leben hat sie den Entschluß gefaßt: »Ich will mein Leben feiern, und das tue ich jeden Tag.« Immer nimmt sie sich etwas vor, oft auch nur eine Kleinigkeit, das diesen Tag aus dem Alltagstrott heraushebt und woran sie sich freuen kann. Sie kennt das Leiden und ver-

wandelt es in Liebe. Sie lebt die Liebe zum Leben – eine leidenschaftliche Liebe.

Das Emotionale in der Frau macht es ihr oft leichter als dem Mann, ihre Liebe zum Leben, zu ihren Mitmenschen, zu Kindern, zum Fremden oder zur Natur intensiv auszudrücken. Sie kann mit Liebe auf das schauen, was ihr wertvoll ist, und es so ausdrücken, daß andere diese Liebe auch spüren können. Es ist ein Gefühl, das ja sagt zum Leben, zu dem, was ist. Sie kann mit Liebe auf einen Baum schauen, mit Liebe die Wärme der Sonne oder eine Geste der Zuneigung liebend in sich aufnehmen. Sie öffnet sich gegenüber dem Geschenk des Lebens und der Liebe. Und was in ihr strömt, will sie weitergeben, denn sie kann leidenschaftlich lieben.

Die liebende Frau läßt Nähe zu, und sie gibt ihr Raum zur Entfaltung. In der Nähe zu anderen spüren wir Kontakt, wir können uns öffnen, uns zeigen, wie wir sind, wir können uns fallen lassen. In der Nähe spüren wir unsere Verbundenheit mit anderen, wir erfahren Begegnung. Wenn wir darüber klagen, daß wir nicht genug Nähe zu anderen haben, wollen wir etwas von anderen, was wir zuerst in uns finden müssen. Es bleibt die Frage an uns: »Sind wir uns selbst nahe? Sind wir in Kontakt mit unseren Gefühlen und Bedürfnissen, mit unseren Wünschen und Ängsten? Spüren wir uns?« Es ist nicht die äußere Nähe, die wir suchen, sondern die innere Nähe. In dem Maße, wie wir uns nahe sind, kommen wir auch in die Nähe zu anderen.

Aber wir kennen nicht nur die Sehnsucht nach Nähe, sondern auch die Angst vor zuviel Nähe. Dann haben wir das Gefühl, daß wir uns nicht genügend abgrenzen, nicht genug Eigenes ausdrücken können. Wir spüren in der Nähe zu anderen manchmal auch die Angst, daß sie etwas von unserem tiefsten Schmerz oder unserer Sehnsucht entdecken könnten, die wir vor uns selbst verbergen möchten. Die Liebende spürt, wieviel Nähe sie braucht, wo sie sich öffnen möchte und wo sie Abgrenzung und Schutz für sich braucht. Sie sorgt für sich, sie ist sich nahe. Die

Liebende in uns gibt sich Raum für ihre persönliche Entfaltung. Sie läßt diesen Raum auch anderen, es hält ihre Liebe lebendig.

Liebend zu sein bedeutet auch, Geduld zu haben – darin liegt Vertrauen, daß Entwicklung geschieht. Hier sind Frauen den Männern gegenüber oft ungeduldig. Wenn sie selbst einen intensiven Entwicklungsweg gegangen sind, möchten sie ihren Männern nahebringen, daß sie ihre Entwicklung doch auch so angehen sollten. Sie wünschen sich davon dann mehr Austausch in ihrer Beziehung, mehr gleiche Erfahrungen. Aber ein Mann braucht den Austausch über seine Gefühlswelt nicht in dem Maße wie die Frau, er verarbeitet vieles in sich selbst. Für den Mann kann es eher eine Krankheit sein oder eine große Veränderung in seiner Lebenssituation, die ihn auf einen Entwicklungsweg bringt. Hier brauchen Frauen die Liebende, um den Mann sein lassen zu können und ihm seine eigene Zeit zu geben. Sie brauchen auch das Vertrauen in sich, daß sie es ihrem Mann wert sind, daß er sich mitentwickeln will. Wenn die Frau hier zu fordernd ist, wird er sich eher verschließen. Ein Mann geht seinen Weg anders als eine Frau. Es ist die Liebende, die vertraut und Zeit läßt.

Eine Frau ist vor allem dann liebend, wenn sie verzeihen kann. Das geht nicht vom Kopf aus, sie muß dafür erst einmal ihre Gefühle zulassen von Wut und Enttäuschung, sie muß sie durcharbeiten, um sich irgendwann wieder neu zu öffnen. Sie muß über sich hinauswachsen, um dem anderen wieder zu begegnen. Dabei kann die Erinnerung helfen, wann ihr selbst verziehen worden ist. Die Liebe, die sie dabei von anderen erfahren hat, kann sie weitergeben.

Lieben heißt, sich hinzugeben, von sich selbst lassen zu können, sich fallen zu lassen. Aber lieben heißt nicht, sich aufzuopfern. Manchmal hinterläßt die Liebe, die sich für den anderen aufopfert, einen harten Geschmack. Das Opfer wird oft darin zum Täter. Ich opfere mich für den anderen, um ihn festzulegen.

Wer sich für einen anderen opfert, tut sich schwer, ihn freizulassen. Jesus hat sich für uns im Tod hingegeben. Sein Opfer ist gelungen. Doch wenn wir uns mit seinem Opfer identifizieren, überfordern wir uns oft. Oder – wie C. G. Jung sagt – wir identifizieren uns mit einem archetypischen Bild und werden blind für die aggressiven Anteile, die in unserem Opfer verborgen liegen.

Tatsächlich zeigt sich die negative Seite der Liebenden, wenn sie besitzergreifend wird, wenn sie zuviel Nähe leben will und keinen Raum läßt zur Entfaltung, den jeder für sich braucht. Die Liebe einer Frau bleibt auch unreif, wenn sie um die Liebe anderer bettelt.

Die reife Liebe dagegen gibt sich an den anderen hin. Genauso akzeptiert sie auch, wenn sie an eine Grenze kommt, wenn der andere ihre Zeichen der Liebe nicht annehmen kann, wenn er sie nicht genügend wahrnimmt oder wenn er unersättlich ist in seinem Bedürfnis nach Liebe. Es gibt Männer, die auf ihrem infantilen Liebesbedürfnis stehenbleiben und nie genug bekommen. Für die Frau ist es dann eine Herausforderung, sich nicht aussaugen zu lassen von dem kindlichen Bedürfnis nach mütterlicher Liebe, aber trotzdem die Liebende zu bleiben. Eine liebende Frau läßt sich nicht aus der Liebe zu sich selbst und zum Leben vertreiben. Sie spürt in ihrer Liebe den eigenen Wert und läßt sich nicht in das Lebensmuster des anderen hineinverstricken. Sie läßt sich die eigene Liebe von der Liebesunfähigkeit des anderen nicht nehmen.

In Maria Magdalena zeigen sich unsere Sehnsucht nach Liebe und unsere Kraft zu lieben. Es ist ein Bild, an dem wir uns aufrichten können in unserer Fähigkeit zu lieben.

Anselm: *Was ist für dich das Entscheidende an der Liebenden? Was fasziniert dich an Maria Magdalena vor allem?*

Linda: *Das Entscheidende ist für mich die Bereitschaft, mich selbst anzunehmen als Voraussetzung für meine Kraft zu lieben. Es ist auch die stete Arbeit an mir selbst, der Wunsch, mich weiterzuentwickeln als ein Zeichen der Liebe. Anderen Weite zu geben durch Vertrauen ist für mich auch ein wichtiger Teil der Liebe.*
An Maria Magdalena fasziniert mich vor allem der Moment ihrer Heilung. In der Begegnung mit Jesu erfährt sie, was liebende Annahme heißt. Sie erfährt die Liebe, und durch sie wird sie heil. So ist es auch heute noch. Es ist die Liebe, das Gefühl, angenommen zu sein, die etwas in uns heilt und uns dazu bringt, stärker zu lieben als zuvor.

Maria – die Wandlerin

Erich Naumann hat, ausgehend von der Jungschen Psychologie, den Archetyp der Wandlerin beschrieben. Seit Urzeiten hat die Frau etwas mit dem Phänomen der Wandlung zu tun – mit Geburt und Sterben, mit Wachsenlassen und Sichwandeln. Das Bild des Mutterschoßes, in dem das Kind heranwächst und die verschiedenen Stadien der Entwicklung durchläuft, wurde in der Urzeit so verstanden, daß die Mutter wie ein Gefäß ist, in dem sich Verwandlung vollzieht. Was die archetypischen Bilder von Wandlung und Verwandlung in der Urzeit meinten, das erleben Frauen heute ähnlich: In ihrem Lebensbereich geschieht Verwandlung. Kinder wandeln sich in ihrer Nähe. Frauen haben daher eine besondere Wahrnehmung für Wandlungsprozesse in der Familie und in der Gesellschaft. Und sie setzen durch ihre Fragen oft Verwandlung in Gang.

Das biblische Urbild der Wandlerin ist Maria. Für viele Frauen ist Maria die Gestalt, die ihnen hilft, ihre eigene Identität als Frau anzunehmen und sich über ihr Frausein zu freuen.

Meine Mutter und meine Tanten pflegten eine gesunde Form der Marienverehrung. Wenn sie Marienlieder sangen, dann hörte man die Freude über ihr eigenes Frausein, Muttersein, Königinsein heraus. Andere Frauen tun sich heute schwer mit Maria. Sie haben den Eindruck, daß die Männer der Kirche Maria in ein ganz bestimmtes Frauenbild hineingepreßt haben. Und dieses enge Bild versuchen sie durch die Vorbildfunktion Marias jetzt den Frauen überzustülpen. Manche Frauen ärgern sich darüber, daß Maria oft als asexuelle Person dargestellt wird.

Wenn wir aber die Kunstgeschichte genauer betrachten, erkennt man, daß Maria – gerade in der Gotik – oft als ausnehmend schöne Frau dargestellt wird, als Madonna. Sie besitzt hier sehr wohl erotische Ausstrahlung.

Eine andere Darstellungsform zeigt Maria als in sich ruhende Mutter, die ihrem Kind Geborgenheit schenkt. Man kennt sie als die Schutzmantelmadonna, die vielen Menschen unter ihrem weiten Mantel Schutz gewährt. Des weiteren findet man sie als Königin, ausgestattet mit Zepter und Krone und auf dem Mond stehend. Sterne umstrahlen ihr Haupt. In solchen Bildern werden ihre Würde und ihre Beziehung zum Kosmos ausgedrückt.

Im 13. Jahrhundert kam dann das Bild der Pietà auf: Die Mutter hält ihren toten Sohn auf ihrem Schoß. Es ist ein Bild, das für viele leidgeprüfte Menschen zum Hoffnungsbild wurde. Die Schmerzensmutter, die dem Leid nicht aus dem Weg geht, sondern es trägt und wandelt, wurde für viele eine Hilfe, mit dem eigenen Leid so umzugehen, daß sie daran stärker wurden. Sie blieben im Leid nicht stecken, sondern gingen wie Maria durch es hinduch und erfuhren auf diese Weise Verwandlung ihres Leids und ihrer Trauer.

Das Bild Marias, die ihren toten Sohn auf dem Schoß hält, steht für das Leid im Leben jeder Frau. Sie steht für das Leid jeder Mutter, die ihr Kind verloren hat, für das Leid jeder Frau, die einen geliebten Menschen loslassen mußte, für das Leid jeder Frau, die ihre Gesundheit oder eine Aufgabe hingeben mußte. Sie steht für jede Frau, die etwas aufgeben mußte, was ihr lieb und wertvoll war, die etwas verloren hat, aus dem sie gelebt hat. Dieses Hingeben ist schmerzvoll, wir durchleiden Verlust und Kummer, wir gehen durch eine Zeit der Trauer. Wir erfahren Sterben und Vergehen als Zeichen für das, was wir verloren haben, und für die Dunkelheit, die darauf folgt. Was bringt uns dazu, diesen Verlust zu verarbeiten und durch unser Leid hindurchzugehen? Welche Kraft geht für uns Frauen von Maria, der Wandlerin, aus, die ihre Trauer durchlebt und ihr Leid gewandelt hat?

Maria hat ihr Leid angenommen. Das kann ein langer Weg sein, aber wenn wir wie Maria bereit sind, unser Leid anzunehmen und uns nicht mehr dagegen zu wehren, wandelt sich etwas in uns. Wenn wir uns fragen: »Was muß ich jetzt lernen, um das durchzuhalten?«, sind wir bereit, uns weiterzuentwickeln.

Im Leiden sind wir zunächst einsam, unsicher und verletzlich. Wir lernen in dieser Zeit anzunehmen, daß wir bedürftig sind und andere Menschen brauchen. Auch Maria stand nicht alleine unter dem Kreuz, sie hatte Menschen an ihrer Seite, die sie gestützt haben, und sie hat ihre Hilfe angenommen. In unserem Leid brauchen wir die Fähigkeit zu vertrauen. Wir müssen vertrauen, daß in uns alle Kräfte vorhanden sind, damit klarzukommen. Wenn wir uns weigern, diese Kräfte in uns einzusetzen, bleiben wir Opfer und machen andere dafür verantwortlich. Wir halten am Leiden fest und verweigern zu reifen.

In der Natur sehen wir, daß Sterben und Vergehen zum Neuwerden führen. Das können wir auch auf uns übertragen. Im Leid müssen wir uns die Hoffnung bewahren, daß wir hindurchkommen. Wir müssen glauben und vertrauen, daß wir zu Neuem geführt werden. Wenn wir hoffen und glauben, verdrängen wir unser Leid nicht, wir wissen, daß es jetzt schwer ist und daß wir daran zerbrechen können, aber wir halten daran fest, daß sich etwas zum Guten hin verändern kann. Wenn wir hoffen und glauben, können wir ausharren und auf eine neue Erkenntnis warten, die uns hilft, etwas zu lösen. Wir können beten, meditieren oder die Stille suchen, die uns Klarheit bringt und uns einen neuen Sinn für unser Leid eröffnet. Wenn wir später auf unser Leid zurückschauen, erkennen wir, daß wir etwas Wertvolles gelernt haben, daß wir Dunkles durchlebt und mehr über uns erfahren haben. Wir erkennen, daß wir danach gereifter sind, daß wir unser Leid in eine positive Kraft verwandelt haben.

Die Bibel zeichnet uns weitere verschiedene Bilder von Maria: Lukas beschreibt Maria einmal als die glaubende Frau. Sie ist bereit, ihr bisheriges Lebenskonzept loszulassen und sich auf das Wort des Engels einzulassen. Sie läßt sich auf Gott ein. Sie stellt sich Gott zur Verfügung. Dieses einfache Mädchen aus Nazareth wächst in der Begegnung mit Gott zu ihrer wahren Größe. Sie nennt sich die Magd des Herrn. Das ist kein demütiger Titel, mit dem sie sich kleinmacht. Im Gegenteil: Israel verstand sich als Knecht Gottes. Doch die Männer Israels hatten versagt. Sie haben sich Gott gegenüber immer mehr verschlossen. Da stellt sich Maria repräsentativ vor ihr Volk und sagt stellvertretend für das ganze Volk: »Mir geschehe nach deinem Wort.« (Lukas 1,38) Maria mangelt es offensichtlich nicht an Selbstbewußtsein. Sie nimmt für sich in Anspruch, für das ganze Volk zu sprechen und dem ganzen Volk mit ihrem Jawort einen Dienst zu erweisen. Sie trägt durch ihren Einsatz dazu bei, daß sich die Situation für das Volk wandelt.

Maria muß also eine Frau gewesen sein, die bereit war, nach innen zu hören, die bereit war zu spüren, was in ihr geschieht. In uns selbst finden wir diese Bereitschaft, wenn wir eine Zeit der Leere durchleben, in der wir meinen, daß nichts geschieht. In diesen Zeiten oder Momenten sind wir sehr nach innen gerichtet und ganz in unserer Mitte. Es dringt nichts von außen in uns hinein, wir hören nicht auf andere, wir spüren, daß die Erkenntnis in uns selbst liegt. Wir sind hörend und suchend nach dem, was in uns reifen will. Wir wissen, daß wir in dieser inneren Mitte zu unserem Kern finden, zu dem, was wir von unserem Wesen her sind. Nur dort sind wir unberührt von Normen und Erziehung, von Anpassung und Leistung, dort sind wir ganz wir selbst.

Maria muß diese Zeit des inneren Suchens, in der sie unberührt war von Äußerem, durchlebt haben, bis sie klar erkennen konnte, wohin sie sich entwickeln wollte. Sie muß in Einklang mit ihrem Innersten gewesen sein, so daß sie zustimmen konnte, als Jungfrau schwanger zu werden – entgegen aller Norm der damaligen Zeit. Die Autorin Esther Harding hat die Bedeutung des Worts Jungfrau untersucht und so beschrieben: Die Jungfrau ist »eins-mit-sich-selbst«, sie tut das, was sie tut, nicht, weil sie gefallen möchte, nicht, damit man sie gern hat oder weil sie die Aufmerksamkeit oder die Liebe eines anderen einfangen will, sondern weil das, was sie tut, wahr ist, weil es mit ihrem Innersten übereinstimmt.

Hier wird Jungfrau als weibliche Identität verstanden, die fest in ihrer eigenen Weisheit verwurzelt ist. Es ist Zeichen ihrer inneren Freiheit, die sich nicht nach den Normen richtet, sondern nach dem eigenen Gespür. Wenn wir uns nach unserem Gespür richten und ja sagen zu neuen Seiten, die aus uns hervorkommen wollen, kann es bedeuten, daß wir für andere Menschen unbequem werden. Es kann bedeuten, daß wir nicht mehr nach ihren Normen leben, daß wir diese Menschen verlieren. Es kann aber auch sein, daß Menschen bereit sind, sich mit uns zu wandeln und ihr Lebendiges in sich neu zu entdecken.

In Maria können sich Frauen in verschiedenen Lebensphasen wiederfinden: Als junge Frau, als Mutter und als ältere Frau. In der jungen Frau Maria entdecken Frauen ihre eigene Klarheit und Lauterkeit. Dann ist Maria die Mutter, die Jesus geboren hat. Als Gottesmutter wird sie seit dem Konzil von Ephesus verehrt. Das bedeutet, in ihr wird seither das Geheimnis der Mutter meditiert. Jede Mutter ist auf ihre Weise letztlich Gottesmutter. Sie gebiert ein göttliches Kind, ein Kind, das von Gott geformt und gebildet wird. Und Maria ist schließlich die trauernde Mutter, die ihren toten Sohn im Schoß hält. Zu ihr richten Frauen ihre Gebete, weil sie in ihr die Frau sehen, die selbst Leid und Kummer erlebt und daraus Mitgefühl für ihren eigenen Schmerz gewonnen hat.

Die Begegnung mit dem Engel und der Botschaft, die er ihr von Gott her ausgerichtet hat, bringt Maria in Bewegung. Sie macht sich auf den Weg über das Gebirge hin zu ihrer Verwandten Elisabeth. Die beiden schwangeren Frauen begrüßen sich. Und indem sie sich einander begegnen, erkennen sie das Geheimnis ihres eigenen Lebens. In Elisabeth hüpft das Kind vor Freude. Sie kommt in Berührung mit dem unverfälschten und unberührten Bild in sich selbst. Und Maria beginnt ihr Loblied auf Gottes Handeln an ihr und ihrem Volk zu singen. In diesem berühmten Lied des Magnifikat preist sie Gott: »Denn auf die Niedrigkeit seiner Magd hat er geschaut. Siehe, von nun an preisen mich selig alle Geschlechter.« (Lukas 1,48) Aus diesem Vers klingt das Selbstvertrauen an, das das einfache Mädchen auf einmal in sich spürt. Sie weiß, daß Gott Großes an ihr getan hat und sie selber groß macht. Und dann singt Maria von der Umstürzung aller Werte.

Maria ist also keineswegs die angepaßte und brave Frau, sondern die rebellierende und revoltierende. Gott wirft alle Maßstäbe dieser Welt über den Haufen. »Er zerstreut, die im Herzen voll Hochmut sind; er stürzt die Mächtigen vom Thron und erhöht die Niedrigen.« (Lukas 1,51f) Maria hat ein Gespür dafür, daß Gott in seinem Handeln die Verhältnisse verwandelt, die die Mächtigen in dieser Welt aufgerichtet haben und an denen sie gerne festhalten möchten. Maria erkennt in Gott den großen Verwandler.

In der Begegnung mit Elisabeth erlebt Maria, was Frauen auch heute immer wieder brauchen: Eine Frau, der sie sich öffnen und ihr Geheimnis anvertrauen können. Beide Frauen leben mit ihrer Schwangerschaft außerhalb der gesellschaftlichen Norm – Elisabeth ist danach nämlich zum Kinderkriegen zu alt und Maria sogar unverheiratet schwanger. Beide müssen nicht nur Freude, sondern auch Erschütterung und Zweifel gespürt haben: Wie soll das gehen? Wie können wir das schaffen? Das verbindet sie miteinander. Maria und Elisabeth nehmen sich gegenseitig an. Sie urteilen nicht, sie bewerten nicht nach dem, was die Gesellschaft für richtig oder falsch hält. Sie fühlen mit, was es für jede von ihnen bedeutet, daß sich Neues in ihnen entwickelt. Weil sie ihr Inneres miteinander geteilt haben, fühlen sich beide gestärkt. Maria hat durch Elisabeth auf neue Weise verstanden, was Gott ihr Gutes getan hat. Ihre Zweifel und Ängste haben sich in Freude und Jubel verwandelt, sie kann sie jetzt offen leben und ausdrücken.

Frauen spüren, daß sie Begegnungen mit anderen Frauen stärken. Wenn sie miteinander teilen, was sie bewegt, können sich ihre Unsicherheiten und Zweifel verwandeln in Selbstvertrauen und Mut.

Bei Lukas ist Maria die Frau, die alles, was geschieht, in ihrem Herzen hin- und herbewegt. Sie gebiert ein Kind, über das Großes gesagt wird. Sie bringt mit ihrem Kind Licht in diese Welt und einen Frieden, der mächtiger ist als der Friede, den der Kaiser Augustus mit Waffengewalt im Römischen Reich durchgesetzt hat. Doch Maria muß ihren Glauben an Gottes Handeln in Situationen beweisen, die sie zuinnerst verletzen wie etwa das Zurückbleiben des zwölfjährigen Sohnes im Tempel von Jerusalem. Der greise Simeon hatte ihr so verheißen: »Dir selbst aber wird ein Schwert durch die Seele dringen.« (Lukas 2,35)

Mütter, die Kinder in diesem Alter haben, kennen die Sorge und die Zurückweisung, die Maria durch ihren zwölfjährigen Sohn erfahren hat. In diesem Alter geschieht eine Verwandlung in der Beziehung zum Kind: Der Sohn muß zum Mann reifen, die Tochter zur Frau. Sie müssen sich von der Mutter lösen, um dem Eigenen zu folgen. Maria mußte wie viele Mütter die Erfahrung machen, daß ihr Sohn ihr nicht gehört. Sie muß hier einüben und verstehen, was sich in der Kreuzigung verstärkt hat: Nicht nur Mütter, alle Frauen erleben wie Maria, was sie großgezogen, umsorgt und gehütet haben, ist nicht ihr Besitz, sondern sie müssen es auch wieder freigeben und darauf vertrauen, daß nichts von der Liebe verlorengeht, die sie in einen Menschen oder in eine Aufgabe hineingelegt haben.

Der Evangelist Johannes hat ein anderes Bild von Maria entworfen. Er spricht von der Mutter Jesu. Sie taucht in seinem Evangelium an zwei entscheidenden Stellen auf: bei der Hochzeit zu Kana und unter dem Kreuz auf Golgatha. Die Geschichte von der Hochzeit zu Kana schildert in einem Bild das Geheimnis der Menschwerdung Gottes. Wenn Gott Mensch wird, dann feiert er mit uns Menschen Hochzeit, dann wird das Wasser unseres Lebens in Wein verwandelt. Unser Leben bekommt einen neuen, göttlichen Geschmack. Maria spielt bei der Hochzeit zu Kana eine wesentliche Rolle. Sie spürt den Mangel an Wein. Sie spürt, was den Menschen fehlt. Und sie drängt Jesus dazu, Abhilfe zu schaffen. Sie setzt den Prozeß der Wandlung in Gang. Sie ist die Mutter der Wandlung. Sie spürt, daß es so, wie es ist, nicht bleiben kann. Es geht dabei nicht nur um die Verwandlung von Wasser in Wein, sondern um ein tieferes Geschehen. Es geht um die Verwandlung des Menschen. Der Mensch, der nur an äußere Bräuche gewohnt ist und dabei erstarrt – darauf weisen die sechs Steinkrüge hin –, braucht das göttliche Leben, um seine eigene Lebendigkeit zu entdecken. Wer sich nur auf die äußeren Gesetze versteift, ist unfähig zur Hochzeit, unfähig zur Liebe. Erst wenn wir aus der göttlichen Quelle der Liebe trinken, können wir Hochzeit feiern.

Frauen haben oft das Gefühl, daß immer sie es sind, die spüren, wenn in ihrer Beziehung etwas fehlt. Sie ärgern sich darüber, daß nur selten die Männer Fehlendes in der Partnerschaft ansprechen. Sie meinen dann, ihre Beziehung sei diesen nicht so wichtig wie ihnen selbst, sonst würden sie doch darüber reden. Wenn Frauen ihr Gespür als eine Gabe sehen, die aufdeckt, was im Miteinander nicht mehr richtig funktioniert, dann muß es ihnen wert sein, diese Gabe in ihre Beziehungen einzubringen. Sie können so in Eingefahrenes eine neue Lebendigkeit bringen und damit etwas wandeln.

Der Mutter Jesu begegnen wir nochmals am Ende von Jesu Leben, unter seinem Kreuz: Da steht sie gemeinsam mit Johannes, dem Lieblingsjünger. »Als Jesus seine Mutter sah und bei ihr den Jünger, den er liebte, sagte er zu seiner Mutter: Frau, siehe, dein Sohn! Dann sagte er zu dem Jünger: Siehe, deine Mutter! Und von jener Stunde an nahm sie der Jünger zu sich.« (Johannes 19,26f)

Hier geht es um eine Wandlung, die Frauen gut kennen, wenn eine Aufgabe erfüllt ist. Es geht bei ihnen wie bei Maria darum, sich eine neue Identität zu suchen, neue Möglichkeiten zu finden, durch die sie ihre Liebe und ihre Fähigkeiten ausdrücken können. Jesus weist Maria zu, nicht in ihrer Trauer hängenzubleiben, sondern ihre Liebe an Johannes weiterzugeben, der sie jetzt braucht und den auch sie braucht. Frauen können sich immer wieder neu entscheiden, wohin sie das fließen lassen, was in ihnen lebendig ist.

Die Exegeten haben begriffen, daß die Szene mit Maria und Johannes unter dem Kreuz symbolisch ist. Sie hat eine tiefere Bedeutung. Im Tod wird Jesus erhöht und in den göttlichen Bereich erhoben. Maria ist die Pforte, durch die Jesus in die irdische Welt eintritt. Und sie ist die Pforte, durch die Jesus in Gott eingeht. Maria ist die Mutter der Wandlung, bei der Geburt und im Tod. Geburt und Tod sind die großen Wandlungsschritte des Menschen. In der Geburt nimmt ein Gedanke Gottes Fleisch an. Im Tod wird der Mensch in Gott hineingenommen und eins mit Gott. Da erscheint die Herrlichkeit, die schon in seiner Geburt aufleuchtete, in vollem und klarem Schein.

Hanna-Barbara Gerl beschreibt, daß Maria alle archetypischen Bilder, die früher Muttergöttinnen, Erdgöttinnen, Mond- und Sonnengöttinnen galten, in sich aufgenommen hat. Maria erfüllt die Sehnsucht der Frauen, die sie im Matriarchat auf weibliche Gottheiten gerichtet hatten. Daher – so meint die Theologin – eigne sich Maria heute gut, um einen Dialog mit anderen Religionen zu führen. In Maria werden Urbilder und Urerfahrungen menschheitlicher Erzählungen sichtbar. (Vgl. Gerl, Die bekannte Unbekannte, S. 109)

Gerl zitiert Romano Guardini, der als Reaktion auf das Dogma von der leiblichen Aufnahme Mariens im Jahre 1950 in seinem Tagebuch notiert hatte, daß das Dogma ein »Appell an die Macht der heiligen Weiblichkeit« sei. »Die Welt geht am Maskulinen zugrunde, buchstäblich. Hier antwortet die Kirche der tiefsten Not des Menschen heute.« (Ebd., S. 111) Doch Maria erfüllt nicht nur die Sehnsucht der Mutterreligionen, sie korrigiert sie auch. Denn »im Unterschied zu aller magischen Verschmelzung, zu aller pantheistischen Einssetzung« (ebd., S. 112) antwortet sie dem Engel Gottes in souveräner Freiheit und innerer Klarheit.

Die Kunst hat Maria mit Symbolen umgeben, die in der Antike den Muttergöttinnen vorbehalten waren. Die Kunst hat um das Geheimnis Mariens gewußt, die all das in sich verkörpert, was früher die Muttergottheiten repräsentierten. So wird an vielen Wallfahrtsorten die schwarze Madonna verehrt (wie in Altötting, Prag, Chartres und Montserrat). In ihr wird etwas von der Mutter Erde in Maria hineingelegt.

Als Christen verehren wir Maria als eine gläubige Frau und nicht als Göttin. Maria erfüllt die Sehnsucht der Frau nach der wandelnden Kraft der Erde und der Quellen. Die Kunst hat also machtvolle Bilder von Maria geschaffen. Sie widersprechen den manchmal moralisierenden Bildern der »keuschen Jungfrau«, die asketische Traktate von Maria entworfen und für die Frau als gültig dargestellt haben. Die Künstler waren sich natürlich bewußt, daß Maria nur ein Mensch ist. Aber sie haben in ihr das Geheimnis der Frau als Wandlerin erkannt und dargestellt. Ein typisches Wandlungssymbol, mit dem Maria auf vielen Bildern und Statuen erscheint, ist der Mond. Maria steht auf der Mondsichel. »Als Symbol der Fruchtbarkeit spielte der Mond seit jeher wegen seiner ständig wechselnden Gestalt vor allem im alten Orient eine oft bedeutendere Rolle als die Sonne. Wegen seines Vergehens und Wachsens steht er in engem Zusammenhang mit der weiblichen Fruchtbarkeit.« (Schwelien, S. 160) Maria auf der Mondsichel stehend ist daher ein ausdrucksstarkes Bild für die Verwandlung des Menschen.

Was für Maria gilt, gilt aber auch für jede Frau. Jede Frau hat teil am Geheimnis des Weiblichen, wie es Maria darstellt. Viele Frauen haben ein gutes Gespür dafür, daß etwas festgefahren ist. Indem sie ihre Kinder beim Wachsen begleiten, haben sie verinnerlicht, daß es kein Leben ohne Wandlung gibt. Wer steckenbleibt im Wachstumsprozeß, der wird unreif und erstarrt.

Leben heißt dauernde Wandlung. Die Frauen werden in der Frühzeit mit Symbolen wie einem Gefäß oder Topf dargestellt. Das Gefäß steht für das Bewahrende. Aber zugleich wird im Topf gekocht und die Speise dadurch verwandelt. Frauen kennen das Geheimnis der Verwandlung. Die Frau, die Kinder erzieht und am Herd steht und kocht, weiß, was Wandlung heißt. Sie ist selbst bereit, sich ständig zu wandeln. Und sie hat die Fähigkeit, durch ihr Dasein und ihre Fragen auch etwas im Gegenüber zu wandeln. Das ist ihre Stärke – etwa bei Gesprächen. Wenn Männer sich in ihren Argumenten festgebissen haben, stellt eine Frau oft eine ganz andere Frage, die wieder etwas in Bewegung bringt.

Es ist wichtig, daß Frauen zu ihrer Fähigkeit der Verwandlung stehen. Dann bringen sie viele Wandlungsprozesse in Gang, Wandlungsprozesse in den Kindern, im Ehepartner, in der Firma, in der Gesellschaft, in der Kirche, in der großen Politik.

Anselm: *Du hast lange Zeit Probleme gehabt mit der Gestalt Mariens. Doch neulich, am Fest Mariä Himmelfahrt, hast du über sie gesprochen. Damals bist du neuen Seiten Mariens begegnet. Wie siehst du heute Maria und was erkennst du in ihr? Was tut dir an ihrem Bild gut? Wie geht es dir mit dem Bild der Wandlerin?*

Linda: *Deine letzte Frage nehme ich vorweg: Das Bild der Wandlerin ist mir sehr vertraut. Ich empfinde mein Leben ständig im Wandel. Manchmal waren es äußere Umstände, die mich dazu gebracht haben, Neues in mir zu entwickeln, aber es war auch meine Neugierde, immer wieder neue Seiten an mir zu entdecken und zu leben.*

Als Kind habe ich in Maria am ehesten die liebende Mutter sehen können. Es hat mich immer berührt zu erleben, mit welcher Inbrunst unsere Mutter und ihre Schwestern zu Maria gebetet und gesungen haben. Als erwachsene Frau hat mich Maria lange Zeit wenig interessiert. Das Bild von Maria, das mir in der Kirche nahegebracht wurde, war von meinem aktuellen Frauenleben zu weit weg. Mir erschienen die Glorifizierung und gleichzeitig die Abwertung des Weiblichen im kirchlichen Raum auch zwiespältig, und so gehörte es einfach zu meiner Entwicklung, mich von vorgegebenen Bildern zu lösen und Eigenes wachsen zu lassen. Später habe ich einen neuen Zugang zu ihr gesucht und mich gefragt, was Maria mir heute für mein Leben mitgeben kann. Ihr ist in ihrem Frauenleben nichts erspart geblieben, und die Art, wie sie darauf geantwortet hat, ist mir heute Hilfe und Orientierung. Ihr Ja wurde ein Leben lang geprüft, und sie hat sich auch in ihrem Leid immer wieder entschieden zu glauben. Darin kann ich mich wiederfinden. Heute verstehe ich neu, was Maria zur Königin macht. In ihr finde ich unsere weiblichen Kräfte zentriert, sie werden herausgehoben und dadurch königlich.

Marta und Maria –
Die Gastgeberin und die Künstlerin

Frauen sind oft wunderbare Gastgeberinnen. Sie nehmen gerne Gäste in ihr Haus auf, damit diese sich dort zu Hause fühlen. Eine Gastgeberin schmückt oft liebevoll ihr Haus. Sie ist zugleich eine Künstlerin. Die Gastgeberin und die Künstlerin gehören zusammen. Doch sie stehen auch in Spannung zueinander. Manchmal geht die Gastgeberin zu sehr in ihrer Aufgabe auf, während die Künstlerin Zeit für sich braucht. Sie braucht Orte der Stille, an die sie sich zurückziehen kann, um ihrer Intuition zu folgen und kreative Ideen zu entwickeln. Beide Archetypen – die Gastgeberin und die Künstlerin – bringen eine Frau in Berührung mit Fähigkeiten, die in jeder bereitliegen.

Der Evangelist Lukas, der als Grieche eine besondere Vorliebe für die Würde der Frau hat, zeigt uns in einer wunderschönen Begegnungsgeschichte, wie die Gastgeberin mit der Künstlerin konkurriert und wie die beiden zugleich zusammengehören. Jesus kommt mit seinen Jüngern auf seiner Wanderschaft in ein Dorf. »Eine Frau namens Marta nahm ihn freundlich auf. Sie hatte eine Schwester, die Maria hieß. Maria setzte sich dem Herrn zu Füßen und hörte seinen Worten zu. Marta aber war ganz davon in Anspruch genommen, für ihn zu sorgen. Sie kam zu ihm und sagte: Herr, kümmert es dich nicht, daß meine Schwester die ganze Arbeit mir allein überläßt? Sag ihr doch, sie soll mir helfen! Der Herr antwortete: Marta, Marta, du machst dir viele Sorgen und Mühen. Aber nur eines ist notwendig.

Maria hat den guten Teil gewählt. Der soll ihr nicht genommen werden.« (Lukas 10,38–42)

Lukas ist ein meisterhafter Erzähler. Mit wenigen Worten führt er uns ein in die Persönlichkeiten der beiden Schwestern. Viele Frauen tun sich schwer mit dieser Stelle. Sie meinen, ihre Arbeit im Haus werde damit abgewertet. Doch darum geht es gar nicht. Marta und Maria sind zwei Seiten in der Frau. Beide gehören zu ihrem Wesen.

Marta ist die Gastgeberin. Gäste zu beherbergen war in der Antike ein heiliges Tun. Im Gast erscheint immer auch der Fremde. Und oft genug ist es Gott selbst, der als Fremder eintritt, um zu sehen, wie die Menschen mit dem Fremden umgehen, der unter dem besonderen Schutz Gottes steht.

Marta geht es nun darum, daß sich Jesus wohl fühlt. Sie hat einen Blick für das, was er braucht. Sie bereitet für ihn und die Jünger schnell etwas zu essen. Doch offensichtlich ist sie in ihrem Tun nicht ganz selbstlos. Sie möchte von Jesus auch als gute Gastgeberin wahrgenommen werden. Vielleicht konkurriert sie mit anderen Gastgeberinnen und möchte im Vergleich mit ihnen gut abschneiden. Daß sie nicht einfach in ihrem Tun aufgeht, zeigt ihre ärgerliche Reaktion auf Maria, die sich Jesus zu Füßen setzt und ihm zuhört.

Wenn wir die beiden Frauengestalten als zwei verschiedene Seiten einer Frau verstehen, dann sagt uns die Geschichte folgendes: Oft geht die Marta in einer Frau so in ihrem Handeln auf, daß sie gar nicht spürt, welche Bedürfnisse der Gast hat. Sie bewirtet den Gast, ohne ihn zu fragen, was er möchte. Sie fängt an zu arbeiten, ohne zu wissen, ob es dem Gast recht ist und welche Bedürfnisse er in Wirklichkeit hat. Wenn ihr Tun nicht so ankommt, wie sie gerne möchte, ist sie enttäuscht. Sie geht zu sehr von sich und ihren Pflichten als Gastgeberin aus, ohne sich auf den Gast wirklich einzulassen.

Maria dagegen hört auf den Gast. Sie möchte wissen, was er

zu erzählen hat. Der Gast hat etwas mitgebracht. Er hat sich selbst mitgebracht – etwas Fremdes, das man achtsam wahrnehmen muß. Lukas schreibt, daß Maria Jesus zu Füßen sitzt und auf seine Worte hört. Das ist die klassische Beschreibung von Jüngerschaft. So beschreibt Lukas auch die Jüngerschaft des Saulus bei Gamaliel. Saulus war Schüler des Gamaliel. Er saß ihm zu Füßen. Maria ist somit gleichberechtigte Schülerin und Jüngerin Jesu.

Maria verkörpert den hörenden Teil in uns. Weil in jedem Menschen der handelnde Teil lauter ist und die stärkeren Argumente für sich hat, muß Jesus auch bei uns Partei für den hörenden Teil ergreifen. Wir müssen in unserem Tun immer wieder innehalten, um zu spüren, was wirklich dran ist.

Viele Frauen gehen einfach auf in ihrem Tun, ohne zu fragen, ob die anderen ihr Tun wirklich brauchen und wünschen. Und dann sind sie wie Marta enttäuscht, wenn ihre viele Arbeit nicht gebührend wahrgenommen wird. Hier ist es wichtig, sich immer wieder zurückzunehmen, in sich selbst hineinzuhorchen, was jetzt notwendig ist, was jetzt das Gute ist, das wir zu tun haben. Ohne Maria wird Marta blind. Aber Maria braucht ebenso auch Marta. Ohne Marta bleibt Maria immer im Hören, ohne ins Tun zu kommen. Es ist ausgerechnet der Mystiker Meister Eckhart, der Partei für Marta ergreift. Er meint, ohne Marta würde Maria nur um sich selbst kreisen. Sie würde Spiritualität mit »Sich wohl fühlen« verwechseln. Das wäre aber eine narzißtische Spiritualität. Marta zeigt, wohin ein geistlicher Weg führen muß: in die fürsorgende Liebe für andere.

Lukas hat uns in Marta und Maria das archetypische Bild der Gastgeberin und der Künstlerin gezeichnet. Viele Frauen sind wunderbare Gastgeberinnen. Sie geben dem Gast das Gefühl, willkommen zu sein. Sie verbreiten eine Atmosphäre von Heimat und Geborgenheit, von Wohlwollen und Liebe. Und oft genug ist die Gastgeberin selbst auch die Künstlerin, indem sie das Haus schön gestaltet, den Tisch phantasievoll und liebevoll deckt. In der Art, wie sie den Gast empfängt, drückt sie ihre Wertschätzung ihm gegenüber aus. Zugleich tritt der Gast gerne in ihren Bereich ein. Er spürt, daß es ein Bereich voller Liebe und Kreativität ist. In der Art und Weise, wie sie das Essen zubereitet, spürt man ihre Freude am Leben. Die Gastgeberin schenkt Leben.

In Maria zeigt uns Lukas, daß die Künstlerin nicht immer in der Gastgeberin aufgeht, sondern oft auch im Gegensatz zu ihr steht. Die Künstlerin braucht Zeit für sich. Sie kann nicht immer arbeiten. Sie braucht schöpferische Pausen. Sie muß erst in sich selbst hineinhorchen, und sie muß auf den Fremden hören, der neue Ideen in ihr weckt. Die Künstlerin ist bei sich. Sie hört auf ihre innere Stimme, auf ihre Intuition. Im Horchen formen sich in ihrem Innern neue Ideen. Die Künstlerin ist die intuitive Frau, die etwas vom Geheimnis des Lebens und letztlich vom Geheimnis Gottes zum Ausdruck bringt.

Meine Geschwister und ich sind froh, in einem gastfreundlichen Haus aufgewachsen zu sein. Unseren Eltern war es immer wichtig, Gäste aufzunehmen. An Weihnachten haben wir jahrelang immer wieder ausländische Studenten eingeladen, mit uns zu feiern. Wenn Kinder aus der Nachbarschaft mit uns spielten, konnten sie immer auch mit uns essen. Sie gehörten einfach in unser Haus. Da unsere Mutter täglich für neun Personen kochte, machte es ihr nichts aus, wenn da ein paar Esser mehr am Tisch saßen. Unsere Mutter verbreitete eine Stimmung, daß andere sich bei uns zu Hause fühlen konnten.

Die Künstlerin in uns ist die sinnenfrohe Frau, die Kreative, die aus der eigenen Mitte heraus gestalten will. Sie sucht sich einen Ausdruck für das, was sie im Innersten bewegt. Ihre Freude oder ihr Kummer, ihre Lebenslust oder einfach ihr Sinn für Schönes wollen aus ihr heraus. Das macht sie schöpferisch. Viele Frauen in meinen Seminaren erklären, sie hätten nichts Künstlerisches an sich. Sie sehen in der Künstlerin nur die, die ein schönes Bild malt, die Gedichte schreiben kann oder die vielleicht musikalisch ist. Wenn sie aber davon sprechen, daß sie gerne Tagebuch schreiben oder auch gerne kochen und ihren Tisch schön decken, spüren sie auf einmal, daß sie die Künstlerin in sich haben. Andere Frauen meinen, sie hätten keine Zeit für ihre künstlerische Seite, oder sie haben auch noch die Bewertungen der Eltern im Ohr, daß dabei nichts Produktives herauskomme. Sie meinen, sie müßten dann immer etwas leisten, was auch sinnvoll wäre. Eine Frau, die sich künstlerisch ausdrückt, ist dabei ganz in sich gesammelt, sie kann in sich versunken sein. Dabei kann sie neue Kräfte sammeln und sich von manchem Schweren befreien. Sie kann sich auch auf neue Weise beschwingt fühlen.

Des weiteren ist die Künstlerin auch die Leichte in uns, die Singende, die Tanzende, die Unbeschwerte, die aus sich herausgeht und sich über ihre Sinne zum Ausdruck bringt. Sie bringt Farbe ins Leben. Sie kann feiern und ausgelassen sein und andere mit ihrer Lebensfreude anstecken. Diese Freude bringt sie ins Gleichgewicht zwischen schwerem und leichtem Leben. Ohne die Künstlerin wird unser Leben trocken und freudlos, zu pflichterfüllt und zu leistungsbezogen.

In ihrer Erfahrung von Leid findet die Künstlerin oft zu ihrer größeren Ausdruckskraft. Dann ist sie lebensnotwendig für eine Frau. Sie kann das Ungeordnete in ihrem Inneren in einen schöpferischen Ausdruck bringen und entfaltet dadurch heilende Kräfte.

Maria kann sich im Zuhören offensichtlich vergessen. Sie ist ganz im Augenblick. Sie fragt nicht nach dem Nutzen ihres Tuns. So ist die Künstlerin immer auch die freie Frau. Sie läßt sich nicht von Pflichten bestimmen, sondern von ihrer Intuition. Sie tut das, was für sie stimmt. Im künstlerischen Ausdruck ist sie ganz gegenwärtig. Da gibt sie sich hin an den Augenblick.

Sie ist schöpferisch. Weil sie in sich hineinhorcht, kommt etwas Neues in ihr zum Vorschein, etwas, das sie bei sich vorher noch gar nicht gekannt hat.

Wenn Frauen nach längerer Zeit wieder mehr Kontakt zur Künstlerin in sich gefunden haben, sprechen sie davon, wie sehr sie diese Kraft vermißt haben. Sie spüren durch sie, wieviel Lebendigkeit in ihnen steckt, und die wollen sie ausdrücken. Sie haben ihre Assoziationen zur Künstlerin aufgeschrieben: »Süße Zeit fürs Nichtstun – Spontaneität leben, Muße haben, sich gönnen, phantasievoll – Die Melodie des Lebens singen – Lebendigkeit durch Unmittelbarkeit – Meine kreativen Seiten schätzen andere mehr als ich – Künstlerin sein zu dürfen ist ein wunderbares Geschenk Gottes – Kunst gibt innere Freiheit und Flügel für die eigene Seele – Sich ausdrücken und Kraft tanken, danach bin ich ausgeglichen – Kreativität entsteht aus mir selbst heraus, wenn ich loslassen kann – Kreativität = Lebensfreude – Mich ausdrücken, verborgenes Potential in mir lebendig werden lassen – Befreiung – Lebenskunst – Die Künstlerin meines Lebens sein.«

Die Künstlerin ist also auch die Frau, die die Kunst versteht, das eigene Leben gut zu gestalten. Sie beherrscht die Lebenskunst. Sie ist eine Lebenskünstlerin, die Freude hat am Leben und es sich schön machen kann, selbst wenn die äußeren Umstände nicht besonders erfreulich sind.

Die negative Seite der Künstlerin zeigt sich, wenn sie sich darstellen muß, wenn sie exaltiert wirkt und dabei künstlich wird. Hysterie ist eine Gefahr der Künstlerin. Sie muß sich immer selbst darstellen. Anstatt das darzustellen, was in ihrem Herzen reift, fühlt sie sich immer als Selbstdarstellerin. Sie muß sich gut verkaufen. Das wirkt manchmal peinlich. Die echte Künstlerin kann sich vergessen. Sie drückt das Geheimnis des Seins aus und nicht sich selbst. Deshalb braucht die Künstlerin auch die Gastgeberin, die andere Menschen teilhaben läßt an dem, was sie spürt. Die Gastgeberin kreist nicht um sich, sondern fühlt sich in den Gast ein. Sie geht von sich weg auf den anderen zu. Die Künstlerin braucht diese Beziehung, damit ihre Kunst wirklich Frucht bringt.

Kunst ist nicht immer nur das Leichte und Schöne. Viele Künstler sind besonders kreativ, wenn sie in einer melancholischen Phase stecken oder von depressiven Gefühlen heimgesucht werden. Aber sie gehen nicht unter in ihren depressiven Stimmungen. Sie gestalten sie. Sie drücken sie aus. Die Erfahrung von Leid kann die Künstlerin oft zu ihrer intensivsten Ausdruckskraft führen. Sie bringt das Dunkle, das Ungeordnete, das Chaotische in ihr und in anderen Menschen zum Ausdruck. Das kann eine heilende Wirkung nicht nur auf sie selbst haben, sondern auch auf die Menschen, die sich auf ihr Kunstwerk einlassen. Etwas künstlerisch darzustellen ist immer auch ein heilender Prozeß. Anstatt von negativen Gefühlen überschwemmt zu werden, gestaltet die Künstlerin und bringt somit die Energie des Dunklen und Negativen zum Strömen. Was strömt, wird lebendig. Das Erstarrte wird verwandelt und geheilt.

Unsere Kreativität ist ein innerer Reichtum, aus dem wir immer schöpfen können. Es geht dabei nicht um Berühmtheit und Applaus, sondern darum, daß wir mit unserem Innersten in Verbindung sind und ihm durch sinnlichen und spielerischen Ausdruck eine Form geben.

Anselm: *Dir war es immer wichtig, daß dein Haus für Gäste offen war. Du bist gerne Gastgeberin. Wie erlebst du die Künstlerin in dir?*

Linda: *Auch ich habe lange Zeit gemeint, nichts Künstlerisches in mir zu haben. Aber wenn ich das Essen für die Familie gekocht habe, war das für mich etwas sehr Kreatives. Je mehr ich die Künstlerin in mir gesucht habe, desto mehr Künstlerisches habe ich auch entdeckt. Die Gastgeberin habe ich schon immer sehr ausgiebig und gerne gelebt. Es hat mir Freude gemacht, andere in mein Haus aufzunehmen und von ihrem Leben zu erfahren. Es waren auch viele ausländische Gäste, die bei uns gelebt haben. Sie konnten vielleicht ein Stück Geborgenheit erfahren und ich mehr von der weiten Welt. Als ich dann ins Allgäu gezogen bin, war die Gastgeberin weniger wichtig. Die Künstlerin hat mir dort sehr geholfen, mein Innerstes durch Schreiben auszudrücken und dadurch in eine Klarheit zu bringen. Es ist auch die Künstlerin, die in den Seminaren nach dem passenden Ausdruck sucht für das, was ich vermitteln will.*

Mirjam – Die Prophetin

Der Archetyp des Propheten gilt für Männer und Frauen. Doch die Prophetin hat gegenüber dem Propheten ihre eigene Qualität und zeigt sich heute in vielfacher Weise. Da sind zum Beispiel die vielen Wahrsagerinnen, die aus der Hand die Zukunft eines Menschen lesen. Natürlich gibt es hier viel Betrug, Geldmacherei und Mißbrauch. Doch das Bild der Wahrsagerin zeigt eine wesentliche Eigenschaft einer Frau: ihr Gespür für die Wahrheit. Sie sagt das, was wahr ist, was stimmt, was sie hinter den Dingen erkennt. Die Frau sieht in die Tiefe. Und sie hat ein Gespür für die Zukunft. Die Prophetin ist aber nicht nur die, die in die Zukunft weist. Sie hat auch die Fähigkeit, die Ereignisse richtig zu deuten. Sie sieht hinter das äußere Geschehen und weiß um die eigentliche Bedeutung der Dinge und Geschehnisse.

Die Bibel kennt einige Prophetinnen. Die bekannteste ist Mirjam. Mirjam ist die Schwester Aarons, also auch die Schwester des Mose. Als Prophetin deutet sie mit ihrem Lied den Auszug aus Ägypten, das Wunder am Schilfmeer. Die Israeliten waren in Ägypten seßhaft geworden. Doch als freie Nomaden litten sie unter dem rigiden Steuersystem Ägyptens. Pharao »Ramses II. war kein Willkürherrscher. Aber in seinem straff und zentralistisch geordneten Staat mußten auch volksfremde Kleinviehhirten, die die Weiden seines Landes nutzen wollten, Steuern zahlen, d.h. Frondienst leisten«. (Ohler, S. 69) Das paßte den freiheitsgewohnten Israeliten ganz und gar nicht. Ihnen kam ihr Leben als Sklavendasein vor. So flohen sie aus Ägypten.

»Die ägyptischen Grenztruppen aber konnten die Steuerflüchtlinge nicht einfach ziehen lassen. Den zu Fuß Flüchtenden gelang es, mit ihren Herden ein seichtes Schilfmeer sicher zu durchqueren, den schweren Streitwagen der Verfolger nicht.« (Ebd., S. 70)

Die Flucht aus Ägypten und das Geschehen am Schilfmeer waren für das Volk Israel das Urwunder, von dem das Volk immer wieder erzählt. Mirjam, eine Frau und Prophetin, deutet dem Volk, was da eigentlich geschehen ist. »Die Prophetin Mirjam, die Schwester Aarons, nahm die Pauke in die Hand, und alle Frauen zogen mit Paukenschlag und Tanz hinter ihr her. Mirjam sang ihnen vor: Singt dem Herrn ein Lied, denn er ist hoch und erhaben! Rosse und Wagen warf er ins Meer.« (Exodus 15,20f)

Mirjam ist Prophetin. Sie hat einen Blick für die Wirklichkeit. Nach außen hin hatte Israel Glück gehabt. Es war zu Fuß durch das Schilfmeer gelangt, während die Ägypter darin steckenblieben, ja sogar untergingen. Doch Mirjam erkennt, daß es mehr als Glück war. Gott selbst hat in diesem Geschehen gehandelt. Es war ein geschichtliches Ereignis. Man kann sagen, es war Zufall. Nach außen hin war es nicht weltbewegend. Ein paar Streitwagen blieben stecken, während die Gruppe von Israeliten unbeschadet ans andere Ufer gelangte. Doch für Mirjam ist das kein Zufall, sondern Gottes Handeln an seinem Volk. Als Prophetin sieht sie hinter die Ereignisse. Sie erkennt, daß Gott in diesem geschichtlichen Ereignis eine Absicht mit seinem Volk verfolgte. Und ihr geht das Wesen Gottes auf, der ein erlösender und befreiender Gott ist. Die Prophetin hat die Fähigkeit, vom konkreten Geschehen auf Gottes Wirken und das Geheimnis der göttlichen Liebe zu schließen, das Eigentliche hinter allem Äußeren zu entdecken und es durch ihr Wort zu deuten. Doch ihr Wort ist keine theoretische Deutung, sondern es trifft die Frauen in ihrer Umgebung und bringt sie in Bewegung, so daß sie gemeinsam tanzen. Es braucht also die Prophetin, um andere Frauen anzurühren und zu begeistern.

Dichter haben immer wieder Mirjam besungen. So preist Wolfgang Dietrich:

»Mirjam – Prophetin genannt, keineswegs schweigend in der Gemeinde, sondern Lied- und Tanz- und Sprachführerin in und unter und vor dem Volk.

Mirjam – Propehtin fürwahr, gottunmittelbar, nicht verdeckt, nicht vertreten, nicht vermittelt erst durch den Mann, unverhülltes Gesicht, Sängerin und Sprecherin mit unverbotenem Mund mit unbehinderter Hand den Rhythmus schlagend zum Weg in die Freiheit und zum Tanz in ihr.« (Dietrich, S. 49)

Ingeborg Bachmann, selbst Halbjüdin, hat ein wunderbares Gedicht auf Mirjam verfaßt. Sie sieht Mirjam als Repräsentantin des Judentums und spricht ihr eine große Aufgabe zur Rettung der Welt zu (Motté, S. 78):

»An jede Steinbrust rühr und tu das Wunder,
daß auch den Stein die Träne überrinnt.
Und laß dich taufen mit dem heißen Wasser.
Bleib uns nur fremd, bis wir uns fremder sind.«

Durch Mirjam soll auch heute das Wunder geschehen, daß versteinerte Herzen weich werden und durch das heiße Wasser der Taufe vereiste Gefühle wieder zu tauen beginnen.

Mirjam hat als Prophetin keine Deutung bereit, die den Kopf zufriedenstellt. Wenn es nur eine rationale Erklärung gewesen wäre, wäre niemand hinter ihr hergezogen. Doch so steckt sie die Frauen an. Mirjam nimmt die Pauke in die Hand. Sie verkündet das, was sie sagen will, in Lied und Tanz. Und damit reißt sie die anderen Frauen mit. Nicht die Männer verstehen, was da geschehen ist, sondern die Frauen, die tanzend das Geschehen besingen. In ihrem Lied schauen sie tiefer und bekennen, daß Gott die Rosse und Wagen ins Meer geworfen hat. Die Frauen hat das gemeinsame Erlebnis zusammengeführt. Sie wollen gemeinsam zum Ausdruck bringen, daß sie Gott dankbar sind für die wunderbare Rettung am Schilfmeer.

In der Geschichte von Mirjam wurde angesprochen, daß es nicht die rationale Ebene ist, aus der ihre Deutung entspringt. Sie ist die Seherin, die nicht nur mit den Augen sieht, was um sie herum vorgeht, sondern die dieses Sehen mit Bauch und Herz verbindet. Sie sieht nicht nur die Fakten, sondern sie setzt ihr Gefühl dazu und spürt, was diese Fakten in ihr auslösen. Das gibt ihr auch ein Gefühl dafür, was anderen Menschen guttut oder was sie schmerzt.

Im öffentlichen Bereich ist das, was mit dem Auge gesehen wird, meist das Gesetz, bestimmte Regelungen oder das Geld, an dem man sich orientieren muß. Das macht es in Entscheidungen den Frauen oft schwer, ihr Gespür für das Menschliche dazuzusetzen. Aber diese Fakten sind nur der eine Teil, das Gespür, wie Menschen sich damit fühlen, bilden den anderen. Wenn Frauen ihr Gespür dazu einsetzen, kann der Blick weiter werden für das, was tiefer liegt und die Menschen wirklich bewegt.

Das ist die Gabe der Seherin. Es ist aber auch der Punkt, an dem sie von anderen leicht abgewehrt wird oder unverstanden bleibt. Es sind meist die Frauen, die spüren, worauf die Seherin aufmerksam machen will. Frauen lassen sich leichter davon begeistern, und es ist gerade die Gemeinsamkeit, die etwas Größeres bewirkt und in der die Prophetin andere mitreißen kann.

Wir Frauen brauchen in verschiedenen Bereichen immer wieder den Mut, wie Mirjam kraftvoll auf die Pauke zu hauen und wachzurütteln. Wir müssen uns zumuten in unserer Art, nicht nur auf vordergründige Regelungen und Gesetze zu schauen, sondern auch das Befinden der Mernschen wahrzunehmen und andere darauf hinzuweisen.

Im Alten Testament ist der Prophet oder die Prophetin die von Gott Berufene oder auch der Rufer und die Ruferin Gottes. Mirjam ist also von Gott berufen worden. Sie hat eine eigene Sendung für ihr Volk bekommen. Propheten waren im alten Israel Gottbegeisterte. Ihre ekstatische Erregung war ansteckend. Sie konnte leicht überspringen auf die Menschen, die ihnen nahekamen. Mirjam hat offensichtlich so etwas Begeisterndes an sich. Sie ist von Gott ergriffen. Und ihre Gotteserfahrung greift auf die anderen Frauen über. Es ist ein ekstatischer Tanz, den die Frauen da aufführen, ein Tanz der Begeisterung über die Freiheit, die Gott ihnen geschenkt hat. In den Augen der Männer mag das wohl verrückt gewesen sein.

Frauen können diese Begeisterung Mirjams nachempfinden. Viele von ihnen drücken sich und ihre Gefühle gerne im Tanz aus. Tanzen ist etwas Urweibliches. Ich habe erfahren, daß Frauen dabei spielerisch leicht sind oder auch meditativ in sich versunken und dann voller Begeisterung und Lebensfreude. Deswegen würden viele Frauen den Ausdruck des Tanzes auch im Gottesdienst wählen. Tanzen ist für sie Gebet, sie beten mit den Füßen, mit Leib und Seele. Ihr Ergriffensein von Gott bewegt sie, und diese innere Bewegung möchten sie körperlich ausdrükken. Es ist Ausdruck ihrer weiblichen Lebendigkeit. Ob sie sich in Anmut und Sammlung oder aus der Begeisterung und Lebenslust heraus bewegen, immer berührt der Tanz in Frauen etwas Tieferes, das sie durch Worte allein nicht ausdrücken können.

Wenn Mirjam als Prophetin bezeichnet wird, dann wird vor allem ihre seherische Fähigkeit gerühmt. Sie sieht die Geschichte so, wie sie von Gott her gemeint ist. Sie schaut tiefer in die Geheimnisse des Lebens. Sie erkennt den eigentlichen Sinn des

Geschehens. Was hier an Mirjam gepriesen wird, tragen viele Frauen in sich. Sie haben einen besonderen Blick. Sie blicken im wahrsten Sinne des Wortes durch. Sie schauen den Dingen auf den Grund. Sie beurteilen die Dinge nicht einfach von außen und nicht nur mit dem Verstand. Sie haben vielmehr ein inneres Wissen um die Dinge, ein Gespür für das Wesentliche. Ein Mann beurteilt einen Redner vor allem nach seinen Worten und nach dem logischen Zusammenhang seiner Worte, nach dem Inhalt, den er vermittelt. Die Frau sieht auf das Eigentliche. Sie erkennt in seinen Gesten, ob er eng oder weit ist, eitel oder bescheiden, ob er sich selbst in den Mittelpunkt stellt oder der Sache dient, ob er in sich ruht oder seine Unruhe hinter Selbstbeherrschung versteckt. Sie hat einen Blick für seine Ausstrahlung, ob sie heilend und befreiend ist oder aber unangenehm und befremdend.

Frauen fühlen sich in Diskussionen oft unterlegen, weil sie nicht die Weise des Argumentierens beherschen, wie die Männer es ihnen vormachen. Doch sie sollten wie Mirjam ihrem inneren Gespür trauen. Frauen spüren viel eher, ob das, was jemand sagt, stimmt, ob davon Segen ausgeht oder Unheil, Wärme oder Kälte, Klarheit oder Berechnung. Männer reden oft lange um den heißen Brei herum. Sie ergehen sich in Argumenten, mit denen sie ihre eigentliche Absicht verbergen möchten. Frauen durchschauen das.

Daher brauchen Frauen Mut, zu ihren inneren Kräften zu stehen und daraus zu leben. Wir können nicht erwarten, daß Männer für uns tun, was wir selbst für uns tun müssen. Nur wenn wir selbst auf unser Gefühl hören und es ernst nehmen, werden wir auch von Männern gehört und ernst genommen. Von Mirjam können wir lernen, der Prophtin in uns zu vertrauen, auf unser Gespür zu achten und das, was wir sehen, so zu deuten, wie es unserer inneren Ahnung, unserem inneren Sehen entspricht.

Der Prophet hat immer auch eine gesellschaftliche Aufgabe. Er kritisiert die herrschenden Verhältnisse und verkündet, was Gott vom Volk will, was die Menschen wirklich zum Leben führt. Es ist eine politische Aufgabe, die die prophetische Frau erfüllt.

Janne Haaland Matlary ist selbst Politikerin. Sie war stellvertretende norwegische Außenministerin. Sie fordert Frauen dazu auf, sich noch stärker in der Politik zu engagieren. Denn Frauen sehen oft mehr als die Männer. Und sie sind viel mehr auf Verständnis aus und nicht auf Konfrontation. Doch Matlary beklagt zugleich, daß die Frauen, die sich in der Politik engagieren, in männliche Strukturen gepreßt werden. Sie können oft ihre Aufgabe nur mühsam mit ihrem Muttersein in der Familie in Einklang bringen. Manche Frauen haben sich in der Politik den männlichen Strukturen gebeugt und haben nicht typische Frauenpolitik gemacht. So fordert sie, daß Frauen in die Politik das einbringen, was sie als Frauen zu geben haben: »Politik nach Art der Frauen zu machen kann heißen: Friedensförderung und Konfliktlösung in anderer Weise als Männer zu betreiben, andere Mittel als Gewalt und Krieg zur Austragung von Konflikten zu wählen und so lebensbejahende Werte in einem tieferen Sinne voranzubringen.« (Matlary, S. 57) Sie meint, da Frauen von ihren Kindern ständig daran erinnert werden, daß sie nicht der Nabel der Welt sind, bringen sie »einen gewissen Realismus und eine Demut in die öffentliche Sphäre ein«. (Ebd., S. 58) Frauen sollen ihre soziale Kompetenz in die Politik einbringen. Matlary glaubt, »daß Frauen potentiell die besseren Politiker sind. Wir sind es gewohnt, Frieden zu stiften und Konflikte zu lösen, allein aufgrund unserer täglichen Erfahrungen mit Kindern (und Ehemännern!), und wir haben nicht die Zeit, uns allzulange nur mit uns selbst zu beschäftigen.« (Ebd., S. 60) So fordert sie die Frauen auf, die sozialen Fragen in den Mittelpunkt zu rücken, der Wirtschaft ein menschlicheres Gesicht zu geben und friedliche Möglichkeiten zur Beilegung von Konflikten zu schaffen. »Wir wollen die gewaltige Bedeutung des menschlichen Faktors aufzeigen und sicherstellen, daß die Menschenwürde im Zentrum aller Politik steht. Ich behaupte nicht, daß Männern dieses Programm fremd ist – aber ich glaube, daß Frauen besondere Gaben besitzen, um es voranzubringen.« (Ebd., S. 61)

> Anselm: *Was bedeutet für dich der Archetyp der Prophetin? Wie erlebst du sie?*
>
> Linda: *Ich hatte mich bisher mit der Prophetin Mirjam wenig befaßt. Aber als ich deine Gedanken dazu gelesen hatte, habe ich gespürt, daß ich sie als eine Seite meines Frauseins gut kenne. Sie auszudrücken hat mir oft Unverständnis entgegengebracht, besonders, wenn ich mit rational denkenden Menschen diskutiert habe. Nicht nur auf die gesprochenen Worte zu hören, sondern sie mit dem zu verbinden, was ich dabei spüre, wollten gerade Männer oft nicht stehenlassen. Da ist mir manchmal der Satz begegnet: »So kann man das nicht sehen.« Aber ich vertraue dieser Kraft, sie ist das Gespür für Tieferes in mir, und diese verhilft mir dazu, meinen Blick auf Größeres hin zu richten als allein auf das, was ich sehe. Ob andere sich davon anstecken lassen, überlasse ich ihrer Entscheidung.*
>
> *Mir tun Menschen gut, die Prophetisches in sich haben. Ihre Art zu sehen und zu fühlen öffnet auch meinen Blick für Tieferes.*

Rut – Die Fremde

Oft fühlen sich Frauen fremd in der Welt. Sie wissen um ihren doppelten Ursprung. Sie haben in sich die Ahnung bewahrt, daß sie aus einer anderen Welt kommen. Für Männer bleibt die Frau oft das undurchdringliche Wesen, das sie nicht verstehen, das ihnen bei aller Nähe und Faszination doch auch fremd bleibt. Die Fremde ist ein archetypisches Bild. Wenn Frauen sich mit diesem Bild auseinandersetzen, verstehen sie sich besser und lernen, zu sich zu stehen. Sie brauchen sich nicht zu entschuldigen, daß sie aus einer anderen Welt kommen als der oberflächlichen Umwelt, in der sie leben. Sie werden dankbar für das Geheimnis, das in ihnen verborgen ist, für das Fremde, Unbekannte, Unbeschreibliche. Es macht ihre Würde aus.

In der Bibel verwirklicht Rut den Archetyp der Fremden. Rut ist eine moabitische Frau, also eine Ausländerin. Auch sie wird von Matthäus im Stammbaum Jesu aufgeführt. Sie ist eine der vier Frauen des Alten Testaments, die auf ungewöhnliche Weise einen Sohn gebären und so als Ausländerinnen in den Stammbaum Jesu geraten.

Die Geschichte von Rut ist schnell erzählt: Ein Israelit namens Elimelech wandert mit seiner Frau Noomi aus Bethlehem aus, weil dort eine Hungersnot herrscht. Er zieht ins Land der Moabiter. Dort heiraten seine beiden Söhne moabitische Frauen. Die beiden Söhne sterben, und auch Elimelech stirbt. Die Witwe Noomi möchte nun wieder in ihre Heimat, nach Bethlehem ziehen. Sie fordert ihre beiden Schwiegertöchter auf, zu ihren Familien zurückzugehen. Doch die beiden jungen

Frauen wollen mit ihr gehen. Auf das Drängen Noomis entschließt sich Orpa doch, umzukehren und nach Hause zu gehen. Orpa geht bis zur Grenze mit. Sie geht so weit, wie es ihre Möglichkeit zuläßt. Rut aber geht über die Grenze hinaus und wächst so in neue Möglichkeiten hinein. Sie läßt nicht von Noomi. Sie sagt. »Wohin du gehst, dahin gehe auch ich, und wo du bleibst, da bleibe auch ich. Dein Volk ist mein Volk, und dein Gott ist mein Gott. Wo du stirbst, da sterbe auch ich, da will ich begraben sein.« (Rut 1,16f) Sie geht in die Fremde mit und läßt sich dort als Ausländerin nieder. Dort in der Fremde möchte sie begraben sein. Auch wenn sie die Nähe zu ihrer Schwiegermutter spürt und bereit ist, ihre religiöse Tradition zu übernehmen, bleibt sie doch eine Fremde.

Die beiden Frauen kommen nach Bethlehem. Dort lebt ein Verwandter, Boas. Er war Löser, das heißt, er hatte das Recht und die Pflicht, die Schwagerehe mit Rut einzugehen. Rut liest auf den Feldern des Boas die übriggebliebenen Ähren auf, wie es damals in Israel das Recht des Armen war.

Boas behandelt sie freundlich und großzügig. Rut erzählt Noomi von ihrer Erfahrung. Da klärt sie Noomi auf, daß Boas ihr Löser sei. Sie solle sich ihm zu Füßen legen, wenn er nach dem Dreschen der Gerste sich zum Schlafen gelegt habe. Sie tut es. Als er aufwacht, fragt er sie: »Wer bist du? Sie antwortete: Ich bin Rut, deine Magd. Breite doch den Saum deines Gewandes über deine Magd; denn du bist Löser.« (Rut 3,9) Boas ist dazu bereit. Doch es gibt noch einen anderen Verwandten, der vor ihm das Recht auf Lösen hat. So verhandelt Boas am Stadttor erst mit dem Verwandten. Als der auf sein Löserecht verzichtet, lädt Boas Rut ein, zu ihm zu kommen. Und sie wird von ihm schwanger. Sie gebiert ihm einen Sohn, Obed mit Namen. Er ist der Vater Isais, der der Vater Davids war. So wird Rut, die Ausländerin, zur Stammutter Davids. Und sie gehört in den Stammbaum Jesu.

Das archetypische Bild der Fremden atmet immer etwas Geheimnisvolles. Die Fremde vertritt etwas Unbekanntes. Sie kommt aus einer anderen Welt, aus einer anderen Kultur. Ja, letztlich stammt sie aus einer anderen Dimension. In der christlichen Tradition gibt es die heilige Barbara, die namentliche Ausländerin. Die Römer nannten die Fremden Barbaren. Bei uns ist das eher ein Schimpfwort geworden. Doch Barbara stammt letztlich aus der Welt Gottes. Sie ist hier auf Erden eine Fremde. Ihr Vater kann das Fremde in ihr nicht aushalten. Er sperrt daher seine Tochter Barbara in den Turm. Er möchte, daß sie sich so entwickelt, wie er sich das vorgestellt hat. Er möchte sie in das ihm bekannte Korsett zwängen. Doch Barbara ist als Fremde auch die Unangepaßte. Sie lebt das, was in ihr ist, auch wenn der Vater es nicht versteht. Sie macht sich ihre eigenen Gedanken. Im Turm eingesperrt, unterhält sie sich mit Philosophen, die sie einlädt. Man könnte sagen: Sie unterhält sich mit ihrer eigenen inneren Weisheit. Sie läßt sich das Denken nicht verbieten. Sie macht sich ihre eigenen Gedanken und entschließt sich, gegen den Willen des Vaters Christin zu werden. Eine Frau macht oft diese Erfahrung, daß sie nicht in die Denkschemata ihrer Familie oder auch der Gesellschaft paßt. Sie wird dann oft als hysterisch oder kompliziert hingestellt. Es braucht viel Selbstvertrauen, zum Eigenen zu stehen, auch wenn es für die Umgebung als fremd erscheint. Barbara hatte diesen Mut. Sie hat sich erlaubt, selbst zu denken und ihr eigenes Lebenskonzept zu entwickeln.

Wie Barbara so steht auch Rut für die Frau, die aus der Fremde kommt, die etwas verkörpert, was wir nicht einordnen können. In der Antike war die Fremde immer auch etwas Unheimliches. Man fürchtete sich vor ihr, und man bewunderte sie. Man erwartete von ihr, daß sie etwas mitteilte, was man noch nie erfahren hatte. Man schrieb ihr unbekanntes Wissen zu, Fähigkeiten, die man selbst nicht beherrschte. Manchmal verband man mit ihr auch das Bild der Zauberin, die alles verzaubern oder aber – im negativen Sinn – verhexen konnte. In den Märchen hat die Hexe eher eine negative Bedeutung angenommen. Aber Hexe ist durchaus auch ein positives Bild. Hexen haben besondere Fähigkeiten.

Im Mittelalter hatte man Angst vor den Hexen. In der Hexenverfolgung mußten viele Frauen erleben, wie sie die Männer aus Angst vor dem Unbekannten in der Frau verteufelten und als Hexen verschrien, um sie auf diese Weise umbringen zu können. Es ist ein Schandfleck in der Kirchengeschichte, daß Priester und Mönche sich aktiv an der Hexenverfolgung beteiligt haben. Letztlich haben sie in der Hexe das unbekannte und unheimliche Wesen der Frau vernichten wollen, um sich nicht mehr mit der Frau auseinandersetzen zu müssen. Doch das hat zur Verrohung und Verwüstung der Sitten beigetragen.

Eine Frau, die in die Fremde geht, muß für sich allein stehen können. Sie muß erst einmal aushalten, niemanden zu kennen und auch von niemandem gekannt zu werden. Sie muß sich selbst aushalten, denn sie kann sich anfangs nicht einfach ablenken, indem sie zu Nachbarn oder Freunden geht. In dieser Zeit braucht sie besonders das Gefühl für ihren inneren Wert, sonst hat sie keinen eigenen Stand und fühlt sich verloren. Ihre Sehnsucht nach Zugehörigkeit und nach Kontakt spürt sie in dieser Zeit stärker als je zuvor. Aber daraus findet sie auch den Antrieb, sich zu öffnen und Kontakt zu den fremden Menschen zu suchen. Manche Frauen erzählen, daß sie sich dann neugierig und ganz offen erleben, andere spüren, daß sie besonders sensibel sind, weil sie ängstlich darauf schauen, wie andere auf sie reagieren. Aber gerade daran können sie auch wachsen und den eigenen Wert nicht von den Reaktionen anderer abhängig machen. In der Entscheidung, an einen fremden Ort zu gehen, liegt immer auch die Chance, sich frei zu machen von alten Komplexen und den Menschen neu zu begegnen. Innere Freiheit strahlen Men-

schen auch aus, wenn sie Fremden ohne Vorurteile begegnen können. Sie lassen sie sein, wie sie sind – frei von eigenen Bewertungen, die immer eingrenzen. Dann können sie erfahren, daß sie reich beschenkt werden. Sie können von anderen das nehmen, was ihnen fehlt, und von dem geben, was sie selbst haben.

Frauen, die ihr Fremdsein bewußt leben, sind eine Bereicherung für unsere Welt. Sie bringen etwas Neues in diese Welt, neue Denkmuster, Verhaltensweisen, neue Ideen.

Ein gewisses Fremdsein erfahren Frauen auch dort, wo für Weibliches wenig Raum ist. Immer mehr Frauen spüren, daß sie mit ihrem weiblichen Ausdruck in der Kirche nicht vorkommen, daß sie sich ganz dem Männlichen anpassen müssen. Viele von ihnen verabschieden sich lautlos, andere möchten ihre weibliche Lebendigkeit einbringen. Sie möchten dem Männlichen nichts wegnehmen, sondern ihr Weibliches dazusetzen, um ein Mehr an Gemeinsamem zu leben.

Die Kirche war lange Zeit nur Männerkirche, obwohl vor allem Frauen in die Kirche gehen und sich in ihr ehrenamtlich engagieren. Es ist sicher eine große Herausforderung für die Zukunft, daß Frauen selbstbewußter ihre Gaben in die Kirche einbringen und daß Männer sich nicht ängstlich dagegen wehren. Nur so kann ein gutes Miteinander von Mann und Frau in der Kirche gelingen. Die frühe Kirche hatte in der Nachfolge Jesu keine Bedenken, den Frauen wichtige Aufgaben in der Gemeinde zuzugestehen. Frauen waren Gemeindeleiterinnen, Diakoninnen und Missionarinnen. Erst in späterer Zeit hat die Kirche dann das römische System männlicher Strukturen übernommen.

Frauen sind oft von fremden Kulturen fasziniert. Was ihnen fremd ist, zieht sie an. Sie möchten vom Fremden etwas nehmen. Unsere Tante – die Schwester unserer Mutter – war sehr kontaktfreudig. Als sie uns einmal von der Eifel aus besuchte, saß sie im Zugabteil mit einem Türken zusammen. Bis sie bei uns ankam, wußte sie alles aus seinem Leben. Es hatte sie einfach interessiert, wie er aufgewachsen ist, wie es seiner Familie ging, was er beruflich machte, wie er Feste feierte, wie er mit seinen Kindern umging. Das Fremde hat sie fasziniert. Sie hatte keine Berührungsängste. Sie hat uns sehr warmherzig von diesem Zugnachbarn erzählt, war sie doch mit dem Fremden vertraut geworden.

Unsere älteste Schwester war längere Zeit in Frankreich, Spanien und Italien. Dort hat sie in der Fremde viele Freunde gewonnen. Oft kamen diese dann zu Besuch in unsere Familie. Unsere Mutter hat sich immer sehr eingehend mit ihnen unterhalten. Wir Kinder haben dann immer gelästert, das sei die typisch weibliche Neugier. Aber es war mehr. Es war Interesse am konkreten Menschen, an dem, was ihr auf den ersten Blick fremd war. Sie wollte das Fremde verstehen, es sich vorstellen, wie die Fremden leben und was sie denken. Da war kein Vergleichen, was besser ist, sondern offene Anteilnahme am Fremden, um sich vom Fremden bereichern zu lassen.

Manchmal muß man tatsächlich in die Fremde gehen, um seine wahre innere Natur wiederzufinden. Durch zuviel Anpassung oder einengende Lebensbedingungen kann sie einem verlorengehen. Unsere Schwester fand ihre wahre Natur wieder in den Ländern, in denen sie gelebt hat. So kann das Fremde auch das Eigene werden. Sie konnte sich aber auch selbst als Bereicherung erfahren für die Menschen, denen sie dort begegnete.

Zugleich ist die Fremde auch die Suchende. Frauen suchen heute nach ihrer wahren Identität. Sie spüren, daß sie nicht einfach nur die Denkmuster der Männer übernehmen dürfen. Sie haben sich auf den Weg gemacht, um ihre eigene Identität zu suchen. Dabei haben manche Feministinnen ihre Identität zu sehr im Gegensatz zum Mann gesucht und waren zugleich in ihrer Suche noch vom Mann abhängig.

Heute suchen viele Frauen in größerer Freiheit nach ihrer wahren Identität. Frauen machen sich oft in der Lebensmitte auf die Suche nach dem, was sie im Tiefsten ausmacht. Sie suchen nach der Wahrheit und nach innerer Authentizität. Viele Männer werten das Suchen der Frauen ab. Sie wollen ihre Frau nach wie vor in ein Korsett pressen, das ihrer Vorstellung entspricht. Sie werfen den Frauen vor, sie seien anders geworden als zum Zeitpunkt der Heirat.

Das Suchen der Frauen verunsichert die Männer. Sie möchten am liebsten beim früheren Zustand stehenbleiben. Gerade Männer, die zur Zeit der Hochzeit eher die Stärkeren waren und der Frau Kraft gaben, tun sich schwer, wenn ihre Frau sich auf die Suche macht und sich nicht mehr zufriedengibt mit dem Bisherigen. Sie wollen ihre Frau am liebsten auf die Vergangenheit festnageln und gönnen ihr ihre Weiterentwicklung nicht – denn dann müßten sie sich selbst auf den Weg machen. Und das bereitet diesen Männern Angst.

Frauen, die immer weitersuchen, bringen auch die Beziehung zum Mann in Bewegung. Sie sind nicht zufrieden mit dem Alten. Obwohl Frauen in sich etwas Bewahrendes haben, verstehen sie auch etwas vom Suchen. Sie wollen nicht stehenbleiben in ihrer Entwicklung. Sie wollen sich lebendig fühlen und ihre Beziehungen dadurch bereichern. Weil sie sich auf die Welt ihrer Gefühle einlassen, suchen sie nach innerer Stimmigkeit und fordern damit ihre Männer heraus, sich nach der eigenen Wahrheit auszustrecken.

Anselm: *Wo hast du dich vor allem als Fremde erlebt?*

Linda: *Immer wenn ich durch den Beruf meines Mannes in der Situation war, mich an einem neuen Ort einzuleben, war ich erst mal die Fremde. Es hat mich immer herausgefordert, mich dem Fremdsein zu stellen, es hat mich aber auch an Grenzen gebracht. Mir einen fremden Ort vertraut zu machen und viel Neues zu entdecken hatte etwas Abenteuerliches für mich.*

Manchmal war es auch angenehm, mich anonym zu fühlen, aber nach einiger Zeit spürte ich immer den Impuls, mich für die Menschen zu öffnen. Ich war sicher auch auf der Suche nach dem, was diese Menschen in ihrer Art zu leben ausgedrückt haben und was ich in mir stärker entwickeln wollte. Immer wieder zu spüren, wie fremde Menschen einem ganz nah und vertraut werden, sehe ich als große Bereicherung, und diese Erfahrung berührt mich tief. Es hat sich immer gelohnt, das Fremdsein durchzustehen.

Sara – Die Lachende

Göttinnen werden in der Antike oft lachend dargestellt. Es ist ein archetypisches Bild, wenn die Göttin lacht. Ihr Lachen zeigt, daß sie über den Dingen steht, daß ihr die Welt nichts anhaben kann. Sie lebt aus einer anderen Wirklichkeit.

Alle Frauen lachen gerne. Sie finden sich im Archetyp der Lachenden wieder. In ihrem Lachen kommen sie in Berührung mit der Göttin in sich selbst, die nicht in dieser Welt aufgeht, sondern ihre Distanz zur Welt bewahrt und deshalb darüber zu lachen vermag.

In der Bibel verkörpert Sara die Lachende. Sara ist die Frau Abrahams. Sie ist eine schöne Frau. Als Abraham mit ihr nach Ägypten zieht, um der Hungersnot im eigenen Land zu entgehen, sagt er zu ihr: »Ich weiß, du bist eine schöne Frau. Wenn dich die Ägypter sehen, werden sie sagen: Das ist seine Frau! Und sie werden mich erschlagen, dich aber am Leben lassen. Sag doch, du seiest meine Schwester, damit es mir deinetwegen gutgeht und ich um deinetwillen am Leben bleibe.« (Genesis 12,12f) Abraham fühlt sich mit einer so schönen Frau gefährdet, denn sie wird den Neid der Menschen erwecken. Das könnte dazu führen, daß sie ihn, ihren Mann, töten. Die Situation, die uns das Buch Genesis hier schildert, ist auch heute durchaus aktuell. Wir denken hier weniger an Eifersuchtsszenen, in denen der Liebhaber einer Frau ihren Mann tötet, um sie zu besitzen. Das sind Ausnahmen. Doch es gibt auch heute noch Männer, die ihre Frau benutzen, um mit ihr anzugeben. Sie brauchen die Frau, um in der Öffentlichkeit mit ihr zu glänzen.

Die Abrahamsgeschichte läßt uns jedoch auch noch an andere Aspekte des Mann-Frau-Verhältnisses denken. Männer fühlen sich in bestimmten Berufen benachteiligt. Sie fühlen sich minderwertig gegenüber Frauen, die mit ihrer Art und Weise aufzutreten einen Vorteil haben. Ein Psychiater erzählte, er fühle sich benachteiligt gegenüber seinen Kolleginnen. Sie würden dem Chefarzt mit ihrem Charme alle ihre Wünsche aufdrängen. Sie bekämen immer, was sie wollten. Er müsse für sich und seine Wünsche kämpfen. Und oft genug verliere er dabei.

Abraham benutzt die Schönheit seiner Frau, um für sich Vorteile zu erwirken. Der Pharao holt Sara in seinen Palast. Ihretwegen behandelt er Abraham gut. (Genesis 12,16) Er gibt ihm Ziegen und Rinder, Knechte und Mägde. Doch dann gibt es Unglück im Haus des Pharao. Er merkt, daß es mit Sara zu tun hat. Als er schließlich herausbekommt, daß Abraham seine Frau als seine Schwester ausgegeben hat, macht er diesem heftige Vorwürfe: »Warum hast du behauptet, sie sei deine Schwester, so daß ich sie mir zur Frau nahm? Nun, da hast du deine Frau wieder, nimm sie und geh!« (Genesis 12,19)

Wenn ein Mann seine Unterlegenheit gegenüber der Frau dadurch ausgleichen möchte, daß er die Frau für sich benutzt, entsteht immer Unheil. Es tut beiden nicht gut. Männer müssen lernen, die Schönheit ihrer Frau zu achten, ohne sie als Besitz zu betrachten und sie für sich zu benutzen.

Sara ist unfruchtbar. Eines Tages besucht Gott selbst Abraham. Abraham wirft sich vor den drei Männern nieder, in denen Gott ihm begegnet, und lädt sie zum Mahl ein. Sara ist gerade im Zelt. Er läuft zu ihr. Sie muß alles herrichten, was er den Gästen vorsetzen möchte. Die Männer fragen ihn: »Wo ist deine Frau Sara? Dort im Zelt, sagt er. Da sprach der Herr: In einem Jahr komme ich wieder zu dir, dann wird deine Frau Sara einen Sohn haben. Sara hörte am Zelteingang hinter seinem Rücken zu.« (Genesis 18,9f)

Sara reagiert auf diese Verkündigung mit Lachen, allerdings

ist es kein lautes Lachen. Doch sie lachte »still in sich hinein und dachte: Ich bin doch schon alt und verbraucht und soll noch das Glück der Liebe erfahren? Auch ist mein Herr doch schon ein alter Mann!« (Genesis 18,12) Gott hört das Lachen der Sara, und er fragt Abraham: »Warum lacht Sara und sagt: Soll ich wirklich noch Kinder bekommen, obwohl ich so alt bin? Ist beim Herrn etwas unmöglich?« (Genesis 18,13f)

Sara ist es peinlich, beim Lachen ertappt worden zu sein. Sie leugnet: »Ich habe nicht gelacht. Sie hatte nämlich Angst. Er aber sagte: Doch, du hast gelacht.« (Genesis 18,15)

Man kann das Lachen Saras verschieden deuten. Der Text selbst deutet es als Lachen des Unglaubens. Sara glaubt nicht an die Verheißung. Sie kann sich nicht vorstellen, daß sie in ihrem Alter noch das Glück der Liebe erfahren kann. Es ist interessant, daß der Text hier nicht die biologische Frage der Mutterschaft stellt, sondern vom Glück der Liebe spricht. Als Sara an das Glück der Liebe denkt, muß sie lachen. Für uns ist es daher weniger ein Lachen des Zweifels als vielmehr ein Lachen über die eigentlichen Möglichkeiten der Liebe und des Glücks. In diesem Moment spürt Sara, was in ihr steckt. Doch zugleich denkt sie: Zu schön, um wahr zu sein. Im Lachen steckt immer ein Gefühl von Überlegenheit über die Dinge. Die Dinge bestimmen einen nicht. Lachen ist eine Weise, sich über die Dinge zu erheben, anstatt sich von ihnen nach unten ziehen zu lassen. Lachen ist Ausdruck von Freude, von einem positiven Daseinsgefühl.

Daß das Lachen Saras nicht nur ein Lachen des Unglaubens ist, sondern ein von Gott geschenktes Lachen, spricht Sara dann selbst bei der Geburt Isaaks aus. »Gott ließ mich lachen; jeder, der davon hört, wird mit mir lachen. Wer, sagte sie, hätte Abraham zu sagen gewagt, Sara werde noch Kinder stillen? Und nun habe ich ihm noch in seinem Alter einen Sohn geboren.« (Genesis 21,6f) Hier wird deutlich, daß ihr Lachen ein von Gott geschenktes Lachen ist, ein Lachen aus Freude und ein Lachen der Hoffnung. In der Geburt ihres Sohnes siegte das Leben über den Tod, da siegte die Hoffnung über die Verzweiflung, die Freude über die Trauer. Sara versteht ihr Lachen als Ausdruck des Glaubens, daß Gott jede Situation zu wandeln vermag, daß Gott das Unfruchtbare zur Blüte bringt.

Ich war sehr erstaunt, daß Anselm bei dem Bild Saras die Lachende hervorgehoben hat. Was ich bisher über Sara gelesen hatte, stand mehr im Zusammenhang mit ihrer Unfruchtbarkeit. Es hat mich sofort angesprochen, den Blick auf Saras Lachen zu richten und es als Ausdruck der Lebensfreude und der Leichtigkeit für uns Frauen neu zu sehen.

Wenn Frauen in einer schmerzlichen Situation stecken oder sie zu viele Pflichten zu bewältigen haben, vergessen sie leicht die lachende Frau in sich. Sie fühlen sich angespannt und freudlos, sie haben keinen Zugang mehr zu ihrer unbeschwerten Seite. Kommen sie dann aber durch eine lustige Begebenheit wieder ins Lachen, spüren sie sofort, wie sehr ihnen diese Energie gefehlt hat. Sie merken, daß das Lachen ihre Anspannung löst, daß sie wieder ein Gespür für Freude und Ausgelassenheit bekommen. Alles erscheint auf einmal leichter, das Lachen bringt sie wieder ins Gleichgewicht. Es bestärkt sie in dem Gefühl, daß sie ihre Situation schon irgendwie bewältigen werden.

In Japan wurde in der Shinto-Religion früher die Göttin des Tanzes und des Frohsinns verehrt. Diese Göttin führte in den Tempeln einen ausgelassenen Tanz auf, der die anderen Götter zum Lachen brachte. Neugierig geworden durch das Lachen, kam die Sonnengöttin aus ihrer Höhle hervor, in die sie sich wegen ihres Kummers verkrochen hatte. Das Lachen wurde seitdem als Rückkehr von Licht und Leben auf die Erde gefeiert.

Daß Licht und Leben in sie zurückkehrt, können auch die Frauen gut nachempfinden, die nach einer schwierigen Phase wieder herzhaft lachen konnten. Sie fühlen sich danach auf neue

Weise lebendig, sie spüren wieder, was es heißt, Glück zu empfinden.

So mag auch Sara empfunden haben, als Gott ihr verhieß, daß sie auf neues Leben hoffen konnte. Viele Frauen kennen Phasen in ihrem Leben, in denen sie aushalten müssen, daß sich nichts zu bewegen scheint. Es ist wie eine Trockenzeit, es scheint nichts zu wachsen, nichts Neues hervorzukommen. Diese Situation kann hoffnungslos wirken, manche Frauen fühlen sich vom Leben im Stich gelassen. Und dann gibt es plötzlich ein Zeichen, das eine positive Veränderung ankündigt. Auf einmal ist Hoffnung da, daß etwas Neues ins Leben kommen wird. Das bringt Frauen zurück in ihre Heiterkeit, sie sind wieder offen für das Lachen wie Sara.

Frauen können wirklich herzhaft lachen. Lachen ist ihre Form, die Überlegenheit über die Dinge des Lebens zum Ausdruck zu bringen. So haben wir es auch oft in unserer Familie erfahren: Unser Vater hatte, wie bereits erwähnt, ein Elektrogeschäft. Nach dem Krieg war das Geschäft in unserem Wohnhaus untergebracht. Und oft wenn wir beim Mittagessen saßen, klingelten Kunden. Sie meinten, wir seien immer da. Mein Vater ärgerte sich oft über die Ruhestörung. Die beiden jüngsten Schwestern reagierten auf das störende Klingeln eines Kunden immer damit, daß sie ihn nachmachten und die ganze Familie zum Lachen brachten. Mein Vater mußte unwillkürlich mitlachen. Doch manchmal wurde es ihm auch zuviel. Daß man über einen anderen lachte, widersprach seiner moralischen Vorstellung. Doch meine Schwestern urteilten nicht, sie lachten einfach. Und indem sie über einen Kunden, der uns beim Essen störte, lachten, verwandelten sie die Situation der Störung in eine des Vergnügens und der Leichtigkeit.

Was meine Schwestern in ihrer Kindheit instinktiv machten, das ist eine Fähigkeit vieler Frauen. Wenn sie sich die Situation ihres Alltags erzählen, können sie oft herzhaft lachen. In diesem Lachen der Frauen steckt eine große Kraft. Ihm kann man sich nicht entziehen. Und es ist die besondere Art und Weise der Frauen, sich über die Dinge und die Menschen, die über sie bestimmen möchten, zu erheben, eine innere Überlegenheit zu spüren und darin Freiheit zu erfahren. Das Lachen befreit vom Klagen über die Sorgen des Alltags. Das Alltägliche und Banale wird zum Anlaß des Lachens. Damit verliert es das Bedrückkende.

Auch wenn unsere Mutter mit ihren drei Schwestern zusammenkam, wurde ausgiebig gelacht. Sie erzählten sich, was sie erlebt hatten, und die kleinen Begebenheiten wurden so dargestellt, daß sie eine besondere Bedeutung bekamen. Immer gab es am Ende ein tiefes, herzhaftes Lachen über die Situation. Jeder wurde angesteckt von ihrem Lachen, und wir fühlten uns immer wohl bei ihnen. Sie strahlten einfach weibliche Lebenslust aus. Am nächsten Tag erzählten die Frauen sich dann, daß sie gestern Tränen gelacht hätten, und das gab ihnen von neuem Anlaß zu lachen. Sie suchten einfach bewußt das Lachen, das Leichte, sie blieben nicht hängen in ihren Problemen und Sorgen. Egal, wie hart das Leben für sie war, sie haben sich ihr Lachen bewahrt. Sie haben sich nicht erdrücken lassen von dem Schweren in ihrem Leben. Ihr Lachen hat ihnen immer geholfen, auch die Leichtigkeit auszudrücken.

Wenn Frauen bei einem Treffen miteinander herzhaft gelacht haben, gehen sie gestärkt nach Hause. Sie haben vielleicht keine Strategie entwickelt, wie sie anders mit ihren Alltagsproblemen umgehen sollen. Aber sie haben Leichtigkeit erfahren und werden ihren Alltag danach leichter angehen. Sie werden sich von dem, was sie täglich herausfordert, nicht unterdrücken lassen, sondern es mit Humor nehmen.

Frauen, die sich einsam fühlen und erleben, wie sie mit anderen Frauen herzhaft lachen können, spüren, daß dieses Erlebnis ihre Einsamkeit durchbricht. Das gemeinsame Lachen bringt sie wieder neu ins Leben. Es zeigt ihnen, was es heißt, Freude am Leben zu haben und nach vorne zu schauen. Frauen lachen am ehesten über sich selbst, besonders über die eigenen Unzulänglichkeiten oder über eigenartige Begebenheiten mit anderen Menschen. Jede Frau kann sich wiederfinden in dem Erlebten und sich verbunden fühlen mit anderen Frauen. Miteinander zu lachen kann für Frauen wie ein Herdfeuer sein, an dem sie sich wärmen.

Es gibt nicht nur das schallende Lachen der Frauen, sondern auch das stille Lachen – wie Saras. Frauen können oft um sich eine Atmosphäre der Leichtigkeit und Freundlichkeit verbreiten. Sie lächeln dem Kunden zu, der ins Geschäft kommt. Sie haben ein Lachen im Gesicht, wenn sie ins Büro treten. Sie grüßen mit einem Lächeln. Ein Mann, der wegen eines Herzinfarkts und depressiver Stimmungen einige Zeit bei uns im Gästehaus verbrachte, erzählte, wie es ihn beglückt habe, beim Einkaufen mit der freundlichen Verkäuferin ins Gespräch gekommen zu sein. Sie habe ihn einfach angelacht. Das sei so einladend gewesen. Und es habe sich ein Gespräch ergeben, in dem soviel Nähe, aber auch zugleich Freiheit und Leichtigkeit entstanden sei. Das habe ihm gutgetan.

Es ist offensichtlich eine besondere Fähigkeit, die viele Frauen auszeichnet: Sie können unbeschwert erzählen und dabei lachen. Sie verbreiten um sich herum keine künstliche Fröhlichkeit, sondern eine Atmosphäre von Freundlichkeit, Leichtigkeit und Zustimmung zum Leben. Vielleicht ist das ein Aspekt des Mütterlichen: die Zustimmung zum Sein, die Freude am Dasein, die innere Leichtigkeit, etwas wachsen lassen, ohne alles selbst machen zu müssen.

In vielen geselligen Runden nach Vorträgen oder Seminaren habe ich erlebt, daß Frauen andes als Männer lachen. Männer erzählen sich oft Witze, über die sie dann gemeinsam lachen. Oft gehen die Witze auf Kosten anderer. In manchen Männerrunden ist es üblich, über Frauen Witze zu machen. Ihr Lachen hat dann etwas Aggressives und oft auch Gekünsteltes. Frauen brauchen keine solchen Witze, um lachen zu können. Sie lachen über die Realität des Lebens. Sie nehmen Situationen wahr und lachen. Dadurch nehmen sie der Situation das Bedrückende. Sie stellen sich über die Situation.

Lachen hat darum auch immer etwas Verbindendes. »Volle Entfaltung des Lachens gedeiht nur in Gemeinschaft mit Mitlachenden«, meint der Philosoph Helmut Plessner. (Plessner, S. 157) Frauen lachen gerne gemeinsam. Ihr Lachen steckt an und schafft Gemeinschaft. Natürlich gibt es auch andere Formen des Lachens. Ich kenne eine Frau, die sich oft sehr klein und verzweifelt fühlte, aber bei Tisch oft die Spaßmacherin spielte. Um sie herum war lautes Gelächter. Es war für sie jedoch nicht befreiend, sondern ein Ablenken von ihrer Verzweiflung. Sie schützte sich davor, sich zeigen zu müssen, wie sie wirklich war. So gebrauchte sie das Lachen als Abwehr, damit ihr niemand zu nahe kam.

Eine Frau erzählte bei einem Seminar, daß sie mit mehreren Frauen ein Wochenende verbracht habe, an dem ständig gelacht worden sei. Aber ihr sei dieses Lachen zuviel gewesen. Tatsächlich, das ständige Lachen in einer Gruppe kann auch zwanghaft wirken, es hat dann etwas Unnatürliches und ist eher anstrengend. Eine gelöste Heiterkeit kommt spontan aus dem Bauch heraus und wirkt auf alle befreiend und kräftigend. Dieses Lachen kann dann auch zu sensiblen und ernsthaften Gesprächen führen.

Mütter – und das ist ein weiteres Beispiel für eine schöne Form weiblichen Lachens – lächeln ihr Kind an, wenn sie es morgens wecken. Sie lächeln es an, wenn es sich weh getan hat und nicht weiß, ob es weinen soll. Sie haben offensichtlich gelernt, ihr Lachen und Lächeln als Heilmittel einzusetzen.

Doch genausogut, wie sie lachen, können Frauen auch weinen. Sie verdrängen den Schmerz nicht, sondern geben ihm leichter Ausdruck als Männer. Lachen ist für viele Frauen ein Weg, auf die Erfahrungen des Alltags zu reagieren. Sie lassen sich nicht von den Widerfahrnissen von außen bestimmen. Im Lachen schaffen sie eine gesunde Distanz dazu. Sie nehmen das Alltägliche nicht zu ernst. Sie regen sich nicht so leicht darüber auf wie manche Männer. Indem sie lachen, bewältigen sie ihren Alltag und bringen in das Durchschnittliche und Banale einen Hauch von Fröhlichkeit und Leichtigkeit.

Auch in ihrem spirituellen Ausdruck können Frauen spontane Fröhlichkeit leben. Bei einem Seminar mit Frauen hatte ich für den Abend eine gemeinsame meditative Feier vorgesehen. Weil es ein warmer Junitag und Erdbeerzeit war, kam mir die Idee, statt Brot eine Schale Erdbeeren in die Mitte zu stellen. Die Frauen teilten diesmal reife Erdbeeren miteinander. Sie verbanden sofort Lebensfreude damit, und das bewirkte eine gelöste Heiterkeit. Mit einem warmen, fröhlichen Lachen steckte eine die andere an. Jede Frau spürte, daß Sakrales nicht nur ernst sein muß, sondern daß Lachen etwas »Heiliges« sein kann.

Im Alltag würde es allen guttun, wenn wir Frauen mehr aus der Kraft der Lachenden leben würden. Mit ihr können wir Situationen zum Leichteren hin verändern. Unser Humor kann in festgefahrenen Situationen noch eine andere Seite zum Klingen bringen, die für alle befreiend sein kann. Es liegt an uns, ob wir diese Gabe einbringen, die zu neuer Lebendigkeit führen kann,

*oder ob wir sie zurückhalten. Wenn wir mitten im Schweren das
Leichte hervorholen können, gewinnen alle an Zuversicht und
Gelassenheit.*

Anselm: *Du hast als Kind gerne gelacht. Und im Geschäft
unseres Vaters hast du oft die Situation gerettet, indem du
einfach gelacht und mit Lachen nicht mehr aufgehört hast.
Was sagt dir der Archetyp der Lachenden? Wie erlebst du
selbst dein Lachen?*

Linda: *Lachen gehörte in unserer Familie dazu. Das ging
auch sehr von unserer Mutter aus, die gerne gelacht und
dadurch der Familie eine heitere Grundstimmung vermittelt hat. Anlaß dazu waren die kleinen Unzulänglichkeiten
oder komische Situationen, die einen von uns zum Lachen
gebracht haben, der dann damit die ganze Familie angesteckt hat.*
   *Ich selbst war mit meiner jüngeren Schwester in der Rolle
der »Kleinen«, und natürlich gab es die täglichen Neckereien der »Großen«. Der Ärger darüber hat bei uns beiden nicht allzulange vorgehalten. Gemeinsam fanden wir
immer etwas zum Lachen, und darin fühlten wir uns stark
gegen die größeren Geschwister. Kindliche Lebensfreude
läßt sich nie lange vom Ärger bestimmen.*
   *Als ich später mit zwei Brüdern in der Firma unseres
Vaters gearbeitet habe, schien mir manches in dieser Männerwelt eher trocken und ernst. Wir hatten sehr viel zu
arbeiten, und da war Heiterkeit für mich der Ausdruck,
der es mir leichter machte. Im Geschäftsleben gab es genügend Gelegenheiten für mich, über etwas herzhaft zu
lachen. Mein Vater meinte zwar öfter, ich nähme das Leben
zu leicht, aber er ließ sich auch nicht davon abhalten mitzulachen.*

Das Leben war natürlich auch später nicht immer leicht, und es gab Zeiten, da konnte ich dieses befreiende Lachen weniger spüren. In solchen Zeiten habe ich mir gewünscht, wieder einmal so richtig lachen zu können. Mir ist dabei klargeworden, daß es allein an mir liegt, ob ich dieses Lachen auch suche. Es hat immer Leichtigkeit in meine Situation gebracht und mich vieles nicht so ernst nehmen lassen. Als ich jetzt drei Jahre im Allgäu gelebt habe, ist mir im Zusammensein mit Frauen dieses heilsame Lachen immer wieder begegnet. Ich habe es als starke Kraft von Frauen neu schätzen gelernt.

Was ich damals als junge Frau instinktiv gespürt habe, ist mir später in vielen Situationen neu bewußt geworden: Ich habe immer die Wahl, wie ich auf Menschen und Situationen reagiere. Ärger über jemanden zu spüren ist eine gesunde Kraft, aber ich kann entscheiden, ob ich mich darin verbeißen oder mich durch Humor wieder davon lösen will.

In dem Bild Saras können wir die Lachende in uns neu entdecken und uns selbst stärken, indem wir unsere Lebensfreude aus uns herauslassen.

Tamar – Die wilde Frau

Der Archetyp der wilden Frau erzeugt bei Frauen heute ein zwiespältiges Echo. Die einen sind fasziniert von diesem Bild, die anderen lehnen es ab. Sie haben das Gefühl, das Bild entspricht ihnen nicht.

Viele Frauen spüren jedoch, daß sie die wilde Frau in sich eigentlich liebend gerne zulassen wollen. Sie möchten ausbrechen aus den Bildern, die die Gesellschaft – oft genug die Männer – ihnen übergestülpt haben. Die wilde Frau bringt sie in Berührung mit ihrer ursprünglichen Kraft, mit der Quelle, die in ihnen strömt. So, wie der wilde Mann in Berührung mit der Natur und ihrer Kraft ist, so zeigt auch das Bild der wilden Frau das ungebändigte, unverfälschte und ungefilterte Potential, das in jeder Frau steckt. Es ist die Kraft der Natur – die Kraft, die früher in vielen Göttinnen dargestellt wurde.

Die wilde Frau läßt sich nicht von außen bestimmen. Sie lebt von innen. Sie paßt sich nicht den Normen an, die andere ihr vorschreiben. Sie lebt nach ihrem eigenen Maß. Und sie hat ein Gespür für das, was sie zum Leben führt und was sie vom Leben abhält.

In der Bibel entspricht der wilden Frau die Kanaanäerin Tamar. Der Evangelist Matthäus hat die Nichtjüdin Tamar in den Stammbaum Jesu aufgenommen. Tamar entstammte der vorisraelitischen Bevölkerung. Mit Juda, dem Begründer des unter David bedeutendsten Stamms, hatte sie zwei Söhne.

Die Familiengeschichte des Stammvaters Juda ist nicht besonders rühmlich. Juda verließ seine Verwandten und suchte sich eine Frau in einem anderen Volk. Er sah Schua, die Tochter eines Kanaaniters, und nahm sie zur Frau. Sie schenkte ihm zwei Söhne: Er und Onan. Für beide jungen Männer suchte Juda Frauen aus Kanaan. Für seinen Erstgeborenen wählte er Tamar. Doch da dieser junge Mann Böses tat, ließ Gott ihn sterben.

In der damaligen Zeit stand nun der zurückbleibenden Frau das Recht zu, von ihrem Schwager Nachkommen zu bekommen. So mußte der nächstgeborene Sohn Onan mit Tamar schlafen. Der erste Sohn aus dieser sogenannten »Schwagerehe« galt dann als Sohn des Verstorbenen. Juda verpflichtete Onan daher sofort dazu, zu Tamar zu gehen und anstelle seines älteren Bruders ein Kind zu zeugen. Onan tat auch so, als ob er die Pflicht erfüllte. Doch er »ließ den Samen zur Erde fallen und verderben, um seinem Bruder Nachkommen vorzuenthalten«. (Genesis 38,9) Gott strafte ihn für dieses Verhalten, indem er auch ihn sterben ließ.

Offensichtlich bekam Juda es nun mit der Angst zu tun. Anstatt Tamar seinem dritten Sohn zur Frau zu geben, schickte er sie zurück in das Haus ihres Vaters. Er verstieß sie. Er versprach seiner Schwiegertochter zwar, wenn sein Sohn Schela groß wäre, würde er ihr diesen zum Mann geben. Doch Juda hielt sich nicht an das Versprechen.

Indem Juda Tamar damals nach Hause schickte, verweigerte er ihr ihre rechtliche Stellung in der Gesellschaft. »Denn eine Witwe, die in ihrem Elternhaus lebte, hatte kaum die Möglichkeit, am gesellschaftlichen und familiären Leben vollberechtigt teilzunehmen.« (Walter, S. 13)

In dieser Situation half sich die betrogene Tamar selbst und griff zu einer List: Sie verkleidete sich als Prostituierte und setzte sich an den Ortseingang. Dort mußte Juda vorbeigehen, wenn er zur Schafschur ging. »Juda sah sie und hielt sie für eine Dirne; sie hatte nämlich ihr Gesicht verhüllt. Da bog er vom Weg ab, ging zu ihr und sagte: Laß mich zu dir kommen!«

(Genesis 38,15f) Tamar fragte nach der Bezahlung und Juda versprach ihr ein Ziegenböckchen. Doch sie wollte ein Pfand haben. Sie verlangte seinen Siegelring mit der Schnur und den Stab in seiner Hand. Juda gab ihr, was sie verlangte, schlief mit ihr, und ging seiner Wege. Einige Tage später schickte er einen Freund, damit er der Dirne das Ziegenböckchen als Lohn gebe. Doch der fand nirgendwo eine Prostituierte. Es gab in der ganzen Gegend keine Dirne.

»Nach etwa drei Monaten meldete man Juda: Deine Schwiegertochter Tamar hat Unzucht getrieben und ist davon schwanger. Da sagte Juda: Führt sie hinaus! Sie soll verbrannt werden.« (Genesis 38,24) Als man die schwangere Frau hinausführte, hielt sie ihrem Schwiegervater Juda seinen eigenen Siegelring und seinen Stab vor die Augen. Sie sagte: »Von dem, dem das gehört, bin ich schwanger.« Da erkannte Juda: »Sie ist mir gegenüber im Recht, weil ich sie meinem Sohn Schela nicht zur Frau gegeben habe.« (Genesis 38,26) Tamar schenkte Zwillingen das Leben: Perez und Serach.

Eigentlich bedeutet Tamar »Dattelpalme«. Sie ist im alten Israel das Urbild des Lebens. Doch Juda verweigert Tamar das Spenden von Leben. Unter ihrer Palme kann nichts aufblühen, weil Juda sie zu ihrem Vater heimschickt. Offensichtlich hat er Angst, sie könnte auch seinem dritten Sohn den Tod bringen.

Uralte Ängste und Reaktionsmuster darauf werden in dieser alten Sage dargestellt. Da ist die Angst des Mannes vor der Frau. Sigmund Freud spricht von der Angst des Mannes, von der Frau verschlungen zu werden. Und da ist die typische Reaktion des Mannes, die Frau einfach wegzuschicken. Er gibt sich nach außen hin als der Stärkere. Doch zugleich braucht Juda die Frau, um seine Sexualität auszuleben. Er geht zu ihr, als er sie für eine Prostituierte hält. Die Bibel verzichtet hier auf das Moralisieren. Sie beschreibt nur die Fakten. Juda muß erkennen, daß die Frau im Recht ist.

Tamar ist eine sehr selbstbewußte Frau, die sich mit List aus ihrer Not heraushilft. Die List ist immer das Mittel des nach außen hin Schwächeren. In der List macht die Frau die bestehenden Machtverhältnisse lächerlich und wirft sie damit über den Haufen. Juda fühlt sich als der Blamierte. Als sein Freund die Dirne nicht finden kann, sagt er zu ihm: »Sie soll es behalten! Wenn man uns nur nicht auslacht!« (Genesis 38,23) Er fühlt sich lächerlich gemacht und möchte sich daher aus der Affäre ziehen, als ob nichts gewesen wäre. Doch er muß sich seinem Verhalten stellen. Als er über seine Schwiegertochter zu Gericht sitzen will, bleibt ihm nichts anderes übrig, als zu bekennen: »Sie hat recht, und ich bin im Unrecht.« Tamar hat ihren Körper eingesetzt, um ihr Recht als Frau zu bekommen. Und sie hat gesiegt.

Thomas Mann hat Tamar in seinem Roman »Joseph und seine Brüder« große Aufmerksamkeit gewidmet. Er nennt Tamar die »Entschlossene«, die alles daransetzt, sich »koste es, was es wolle, mit Hilfe ihres Weibtums in die Geschichte der Welt einzuschalten. So ehrgeizig war sie«. (Mann, Joseph und seine Brüder, S. 1164f.) Nach Thomas Mann begehrt Tamar Juda nicht, um ihre Sexualität zu erfahren, und auch nicht, um als Witwe versorgt zu sein, sondern um einer Idee willen. Thomas Mann interpretiert ihr Verhalten vom Ende her, von der Geburt des Friedensfürsten Jesus. Der Autor greift hier den Stammbaum Jesu auf, den uns Matthäus überliefert hat. Hier hat Matthäus Tamar ja mit drei anderen Frauen namentlich genannt – mit Rahab, Rut und der Frau des Urija. (Matthäus 1,3–6) Alle vier Frauen sind Ausländerinnen. Sie kommen aus einer anderen Welt. Sie unterbrechen den männlichen Traditionsstrom. Sie zeigen, daß in Jesus etwas anderes in die Welt einbricht, etwas Göttliches.

Diese wichtige Rolle der Frauen bei der Geburt des Messias hat Thomas Mann klar zum Ausdruck gebracht: »Auf das Weib aber kam's an, und darauf, daß das rechte just hier am schwächsten Punkt sich einschaltete. Dem Schoße des Weibes galt die erste Verheißung.« (Genesis 3,15) »Was lag an den Männern!« (Ebd., S.1166)

Für Tamar paßt das archetypische Bild der wilden Frau. Die wilde Frau ist frei. Sie tut nicht das, was andere von ihr erwarten, sondern was sie selbst will, was für sie stimmt. Sie richtet sich nicht nach den Normen der Gesellschaft, sondern lebt aus tieferen Schichten, aus ihrer Sehnsucht nach Fruchtbarkeit und Lebendigkeit. Sie erduldet nicht passiv, was ihr angetan wird. Sie ergreift die Initiative, sie riskiert ihr Leben. Tamar hat den Mut, etwas zu tun, auf das nach dem damaligen Recht die Todesstrafe durch Verbrennen steht. Sie weiß, daß sie im Recht ist. Ihr Schwiegervater hat ihr seinen Sohn vorenthalten und damit ihr Lebensrecht. So greift sie zu einer List, die ihr durchaus gefährlich werden könnte. In ihrer List hält sie sich nicht an die moralischen Normen. Sie macht sich zur Prostituierten, um Nachkommen zu bekommen und dadurch ihre gesellschaftliche Stellung behalten zu können.

Die Bibel ist, das wird hier besonders deutlich, nicht so moralisierend, wie es unsere Zeit ist – nicht nur in der Kirche, sondern ebenso auch außerhalb. Tamar handelt aus ihrem inneren Gespür heraus. Und sie bekommt recht. Ja, Matthäus reiht sie sogar bewußt unter die Frauen ein, die Maria vorausgehen. Wie Maria hat auch Tamar ihre Söhne auf ungewöhnliche Weise geboren. Gott – so meint die Bibel – kann auch auf krummen Zeilen gerade schreiben. Er wirkt sein Heil so, wie er will, nicht wie die Menschen es sich in ihren Köpfen vorstellen.

Eine wilde Frau wie Tamar ist zugleich eine freie Frau. Frei, weil sie unabhängig ist von den Urteilen der Menschen. Sie weiß, diese Urteile dienen nicht dem Leben, im Gegenteil, sie sollen Leben einschränken. Die wilde Frau läßt sich aber nicht ein-

schränken, sie richtet sich nicht nach den Menschen, sondern nach ihrer Intuition. Diese Intuition ist oft in den Frauen verschüttet. Wir finden sie, wenn wir aufmerksam in uns hineinhören und empfänglich sind für das, was wir im Innersten spüren. Es ist unser Selbsterhaltungstrieb, der uns fragen läßt: Soll ich hierhin oder dorthin, soll ich warten oder mich beeilen, was ist heilsam für mich? Tamar mag sich gefragt haben: Wie komme ich zu meinem Recht auf Leben?

Es ist diese Sehnsucht nach Leben, die uns dazu bringt, zündende Ideen zu entwickeln und leidenschaftlichen Einsatz zu zeigen, wenn wir uns wie Tamar eine neue Perspektive für unser Leben geben wollen. Wenn wir warten, bis es andere für uns tun, bleiben wir abhängig. Die wilde Frau in uns setzt ihre eigenen Kräfte dafür ein, daß sich etwas in unserem Leben verändert. Sie spürt, was für sie stimmt, und sie handelt daraus, auch wenn es für andere ungewöhnlich erscheint. Sie vertraut ihrer inneren Stimme mehr als den Stimmen von außen, die sie oft in die Anpassung zwingen wollen. Sie folgt ihrem Instinkt, dem Vertrauen in ihre innere Kraft. Das macht sie zur wilden und innerlich freien Frau. Die wilde Frau spürt ihr inneres Feuer, sie weiß, was sie an Ungebändigtem in sich hat. Sie ist ohne Hemmung, deswegen lebt sie ihre Freude auch als Freude und ihren Kummer als Kummer. Sie hat auch als erwachsene Frau das Ursprüngliche in sich nicht verloren.

Wie oft aber leben wir modernen Frauen unsere Freude verhalten, von Ungebändigtem ist da meist nicht mehr viel übrig. Wenn uns beispielsweise jemand bei einer Einladung etwas mitbringt, über das wir uns freuen, erwidern wir nicht selten: »Das hätte es aber nicht gebraucht.« Die wilde Frau in uns würde anders reagieren. Sie würde ihre Freude klar und offen zeigen wie ein Kind. Sie muß ihr innerstes Gefühl nicht zurückhalten.

Die wilde Frau ist immer dann unangepaßt, wenn andere ihre Lebendigkeit eingrenzen wollen. Dann folgt sie ihrem ganz

Eigenen, anstatt ihre Natur zu verleugnen. Sie gibt sich selbst den Raum, den sie zum Leben braucht.

Viele Frauen verbinden mit der wilden Frau die Frau, die ausbricht aus allen Begrenzungen und sich nur noch danach richtet, was sie selbst will. Das ist zwar ein anziehendes Bild für Frauen, wenn sie sich zu lange an Bedingungen angepaßt haben, die ihnen andere oder sie selbst sich auferlegt haben. Es zeigt aber auch, daß die wilde Frau bei den meisten schon lange in Grenzen lebt, die dem Wesen der Frau nicht wirklich entsprechen. Viele Frauen leiden an solchen eingrenzenden Bedingungen und verhalten sich oft passiv, bis sie spüren, daß sie ihre Kraft und ihre Lebendigkeit verloren haben. Oft müssen Frauen erst in Not geraten, bis sie ihre wilde Frau in sich wiederentdecken. Dann können sie ausbrechen aus den Beschränkungen, die sie selbst angenommen haben. Auf einmal haben sie wieder Zugang zu ihrer ungebändigten Kraft. Sie spüren, was ihre wahre Natur ist, wer sie wirklich sind. Sie wissen, sie müssen wie Tamar ihre Rolle verändern, um das zu bekommen, was sie zum Leben brauchen. Dafür müssen sie aktiv werden und zugreifen, um sich lebendig und kraftvoll zu fühlen. Die wilde Frau will die Freude an ihrer Kraft auch leben.

Oft verbinden Frauen mit dem Bild der wilden Frau auch die Furie oder die Rebellin, die Zicke oder die Hexe. Es ist interessant, daß die Medien heute solche Frauenbilder, die früher als negativ galten, zu Vorbildern hochstilisieren. Die Zicke wird gepriesen, weil sie besser leben kann. Wenn man dann genauer hinschaut, was mit der Zicke gemeint ist, erkennt man, daß es eigentlich das archetypische Bild der wilden Frau ist, die zu sich selbst steht.

Oder die Frauen werden aufgerufen, die Furie in sich zu verwirklichen. Die Furie ist die Rasende und Wütende (Furia = Raserei). Die Griechen stellten die Furie mit Schlangen als Haaren dar. Feuer sprühte aus ihren Haaren und aus ihrem Mund. In Griechenland war die Furie ein Bild der schreckenerregenden Rachegeister. Galt früher Xanthippe, die Frau des Sokrates, als negatives Beispiel einer unzufriedenen Frau, die es ihrem Ehemann schwermacht, so wird sie heute als Vorbild hingestellt. Wie Xanthippe dem Sokrates gezeigt hat, wer daheim das Sagen hat, so soll es die Furie dem Mann gegenüber tun, der sich in der Öffentlichkeit als Vorbild der Tugend oder als fähiger Organisator verkauft. Die Xanthippe soll dem Mann die Maske vom Gesicht reißen. Ein solches Verhalten bewirkt aber nie etwas Gutes und ist auch nur ein Zerrbild für die Eigenständigkeit einer Frau. Andere Frauen bezeichnen sich heute als Hexe. Die Hexe steht für das Ungebändigte in ihnen, für die Kraft, die aus der Tiefe kommt.

In all diesen Frauenbildern steckt auch etwas Positives. Letztlich ist es immer die wilde Frau, die sich in diesen Bildern ausdrückt. Aber es sind zugleich Überzeichnungen und Verfälschungen des eigentlichen Archetyps. Wenn die wilde Frau zu lange nicht gelebt wird, dann drückt sie sich in solchen Übertreibungen aus. Daher ist es wichtig, daß die Frauen mit ihrer inneren wilden Frau in Berührung kommen. Dann brauchen sie solche Überzeichnungen nicht. Dann leben sie aus der Kraft, die in ihnen steckt. Die wilde Frau eröffnet ihnen das Potential an ungebändigter und ungehemmter Energie, die in jeder Frau liegt.

Die wilde Frau kennt auch ihre feurige Seite, sie leugnet nicht ihre zerstörerischen Energien und ihre Wildheit. Sie hat jedoch gelernt, damit achtsam umzugehen. Jede Frau kennt ihre destruktiven Seiten, ihren Haß, ihren Zorn oder ihre Gemeinheiten. Sie muß sie nicht abschneiden, vielmehr kann sie darin auch Gaben und Weisheiten für sich erkennen. Dann können sich diese Energien in aufbauende Kräfte verwandeln, die etwas in ihrem Leben bewegen. Genauso lebt eine wilde Frau ihre

Zartheit und ihr Mitgefühl für alles Verletzliche. Die Kraft der wilden Frau dient immer dem Leben.

Ihre Weiblichkeit lebt die wilde Frau nicht gegen den Mann. Sie kennt ihre eigene Stärke, und sie kann die Stärke des Mannes zulassen. Sie sieht das Männliche als Bereicherung für sich selbst. So muß sie ihre Kraft nicht auf den Mann projizieren, sie lebt ihre eigene Kraft. Sie benützt den Mann nicht als Unterdrücker. Sie erkennt, daß sie selbst es ist, die ihre Kraft unterdrückt.

Wenn es beispielsweise um Urlaub oder andere Entscheidungen oder um eigene Wünsche geht, fühlen sich Frauen oft von ihrem Partner unterdrückt. Sie berichten oft, er sei der, der bestimmt und sie nicht wahrnehme mit dem, was sie wollten. Im Gespräch wird oft klar, daß ein Mann einfach ausspricht, was er will, die Frau sich aber genau darüber noch unsicher ist. Sie bräuchte vielleicht mehr Zeit für sich, um zu entscheiden. Weil sie das aber nicht offen anspricht, entscheidet der Mann, und die Frau sagt irgendwie ja – ein halbherziges Ja. Bei einer völlig anderen Gelegenheit wird dem Mann dann mitgeteilt, daß es ja immer nur um seine Wünsche gehe und nicht um ihre.

Wenn wir Frauen dem Mann nicht klar zeigen, was wir wirklich fühlen, wenn wir ja sagen, wo wir nein meinen, wenn wir ihm unsere Grenze nicht zumuten, weil wir uns selbst nicht achten, zeigen wir nicht unsere Kraft, sondern wir unterdrücken sie. Wir delegieren sie an den Mann und bekämpfen sie dort.

Die wilde Frau macht anderen deutlich, daß sie sich ernst nimmt. Sie läßt sich nicht einfach beiseite schieben, sie geht mit ihrer Wildheit aus sich heraus und lebt ihre Kraft. Sie weiß, daß sie damit etwas in Bewegung bringt, daß sie zum Ziel kommt mit dem, was ihr wichtig ist. Eine wilde Frau ist nun die, die sich zeigt, wie sie ist. Sie ist echt und klar in ihrem Ausdruck, sie bringt die Dinge auf den Punkt. Eine Frau, die diese Klarheit in ein Gespräch einbringt, wirkt immer erfrischend. Und sie steckt an. Da können auch andere in ihrer Nähe klar und offen sein.

In Diskussionen in der Geschäftsleitung, in der Teambesprechung oder auch in Gremiensitzungen wie im Pfarrgemeinderat ist es oft die wilde Frau, die das Gespräch wirklich voranbringt. Sie durchschaut die Scheingefechte, die sich Männer oft bei Diskussionen liefern, und lenkt sie auf das eigentliche Problem. Und so trägt sie wesentlich zur Lösung bei.

Wichtig ist, daß die wilde Frau sich traut zu sagen, was sie zu sagen hat – ob sie damit immer von anderen gemocht wird oder nicht. Das ist für die wilde Frau zweitrangig. Sie muß sich selbst mögen und annehmen mit dem, was zu ihr gehört. Dadurch wird sie vor allem frei von den Urteilen anderer.

Das ist für viele Frauen ein weiter Weg. Sind es doch gerade die abwertenden Bemerkungen anderer, die sie treffen und verunsichern. Hier setzt die wilde Frau ihre Kraft zur Abgrenzung ein. Sie läßt ihren Wert nicht von anderen bestimmen.

Eine Frau erzählte bei einem Wochenendkurs, daß ein Mann sie in einem Gespräch wegen ihrer weiblichen Art zu fühlen und zu denken abgewertet habe. Sie reagierte sofort und sagte ihm, daß sie sich von ihm nicht bewerten lasse. Sie war erstaunt, wie schnell dieser Mann zurückwich und sich dafür entschuldigte.

Des weiteren hat das Wilde in einer Frau keine Angst vor Körperlichkeit und Sexualität. Es läßt eine Frau ihre Erotik aus der eigenen Freude an ihrem Frausein spüren. Sie muß nicht von Männern wahrgenommen und bewundert werden, um sich erotisch zu fühlen. Sie will einfach leben und ausdrücken, was sie an Weiblichem in sich hat. Gerade hieraus gewinnt sie dann ihre Sinnlichkeit und erotische Ausstrahlung, schöpft sie den Mut, loszulassen und ihre Sexualität zu leben.

Leider haben viele Frauen diese Freude an ihrer Weiblichkeit verloren. Wenn sie in ihrer Erziehung Abwertungen ihrer Sexualität erfahren haben, fühlen sie sich oft nicht frei, diese in aller Natürlichkeit zu genießen. Moralisierende Wertungen und Schuldgefühle sind meist lange in Frauen wirksam. Junge Frauen fühlen sich heute eher unfrei, weil die ausgeprägte Erotisierung der Medienwelt ihnen ein Bild vermittelt, das sie kaum erfüllen können. Hier braucht es gerade die wilde Frau, die sich davon frei macht und sich nicht von anderen in ihre Sexualität und ihre Erotik hineinreden läßt.

Besonders Frauen, die körperliche Gewalt erfahren haben, können oft nur mit Hilfe anderer wieder zu der wilden Frau in ihnen finden. Sie brauchen den Zugang zu ihrer feurigen Seite, zu ihrem Ungebändigtsein, das ihnen vermittelt, daß ihre innere Kraft niemand brechen kann. Ein starkes Bild für diese Kraft zeigen die zwei jungen belgischen Frauen, die als Mädchen Opfer eines Kinderschänders waren. Sie machen anderen Frauen Mut, das Wilde in sich von niemandem zerstören zu lassen.

Auch wenn Normen einer Gesellschaft die Lebendigkeit einer Frau zu sehr eingrenzen, braucht es die wilde Frau, die aus diesen Normen heraustreten kann. Die Freiheit der wilden Frau zeigt sich darin, daß sie wählen kann, ob sie in manchen Bereichen lieber in der Gemeinschaft steht oder ob es jetzt für sie wichtiger ist, ganz bei sich zu stehen und damit auch Alleinsein aushalten zu können.
In meiner Zeit im Allgäu bin ich vielen wilden Frauen begegnet. Weil sie ganz mit der Natur um sich herum verbunden sind, stehen sie auch in guter Verbindung mit ihrer eigenen Natur. Sicher gibt es bei diesen Frauen auch viel Anpassung, aber das Wilde bricht sich immer wieder Bahn. Sie kennen den Rhythmus von Werden und Vergehen aus der Natur, und sie nehmen ihn für sich als ursprüngliche Kraft.
Wenn eine Frau aus dieser Verbindung zur Natur lebt, kann sie ganz aktiv nach außen wirken. Aber sie weiß, wann es Zeit ist, sich wieder zurückzunehmen, um ihre Kräfte neu zu sam-

meln. Durch das Beobachten der Natur kann sie Entwicklungen ihre Zeit lassen. Sie spürt, wann die Zeit reif ist, die Veränderung einer Situation herbeizuführen.

Die wilde Frau löst bei heutigen Frauen zwiespältige Gefühle aus. Auf der einen Seite sind Frauen von diesem Bild fasziniert. Sie ahnen etwas von der Freiheit, Lebendigkeit und Kraft, die in diesem Bild stecken. Aber sie haben auch Angst vor diesem Bild. Sie haben Angst, was die Gesellschaft wohl sagen wird, wenn sie die wilde Frau in sich zulassen. Viele sind schon zu domestiziert, als daß sie sich es leisten könnten, die wilde Frau zu leben.

Frauen haben in meinen Seminaren folgende Assoziationen zur wilden Frau aufgeschrieben: »Möchte ich sein, trau mir das aber zuwenig zu. – Kommt zu kurz, weil durch die Erziehung Gefühle wie Übermut usw. gedämpft wurden. – Ich merke, daß ich sie ganz dringend leben will, daß sie mir Lebendigkeit schenkt, Lebenslust, Unabhängigkeit, Kraft und Kreativität. – Die Wilde spüre ich ganz deutlich, lebe sie aber viel zuwenig, sie macht mir angst, angst vor Wut, angst vor meiner Stärke, angst vor Kritik, angst vor dem Anecken, angst, mich wahr zu zeigen.«

Ihre wilde Seite mehr zu leben macht Frauen oft angst, weil sie dann ja nicht mehr die brave und beliebte Frau sind. Und das Bedürfnis nach Beliebtheit ist bei manchen Frauen stärker als die Lust, die wilde Frau zu leben. Manche Frauen können sich nicht an ihrer Stärke freuen, sondern erschrecken davor. Sie haben ihre Stärke so unterdrückt, daß sie nun explodieren würde, wenn sie sie zuließen. Die wilde Frau möchte die Frauen aber in Berührung bringen mit einer Stärke, die andere nicht platt walzt, sondern aufrichtet, die in eine klare Richtung weist und nicht nach allen Seiten hin Hiebe austeilt.

Eine Möglichkeit, ihre wilde Seite zu leben, finden Frauen darin, daß sie aussprechen, was alle Frauen in sich tragen: »Mitunter ist es ganz schön hart, trotz der Widerstände und Ablehnung zu meiner wilden Frau zu stehen. Ich möchte ja angenommen werden. Ich bin ein Teil der Gemeinschaft. Aber die wilde Frau in mir versprüht Energie, Charme, Lachen, Lust... das wirkt mitunter umwerfend.«

Andere Frauen meinen, sie möchten gerne die wilde Frau sein, aber sie trauen es sich zuwenig zu. Eine Frau erzählte mir von ihrer Tochter, die ihr diese Wildheit vorlebt. In der Wildheit ihrer Tochter erkannte sie, daß da auch in ihr etwas von dieser ungestümen und ungebändigten Kraft stecken müsse. Immer wenn eine Frau sich ermüdet und ausgelaugt fühlt, ist es ein Zeichen, daß sie die wilde Frau in sich abgeschnitten hat. Wenn sie in Berührung kommt mit diesem Archetyp, dann versprüht die Frau Energie, Charme und Lust am Leben. Dann strömt es in ihr. Viele Frauen, die ihre Familien durch schwere Zeiten geführt haben – etwa in der Kriegszeit –, waren offensichtlich in Berührung mit der wilden Frau. Denn sie hatten in sich oft eine unbegrenzte Energie.

Folgende weitere Bilder verbinden Frauen ebenfalls mit der wilden Frau: »Ausbrechen, schreien, keine Rücksicht nehmen. Erotik. Zeigen, wer ich bin! – Tun, was man will. An sich selbst denken. – Selbstverwirklichung. – Freiheit, Fröhlichkeit, Tanzen, Lachen, Weinen. – Höhen und Tiefen voll ausleben.«
Das sind die Ursehnsüchte, die in jeder Frau stecken. Doch die Erziehung hat diese wilde Frau oft gezähmt. Es geht nun nicht darum, daß jede Frau vor allem das Wilde in sich lebt. Sie muß nur um ihre ungezähmte Kraft wissen und spüren, wann sie sie einsetzen soll. Eine Frau schrieb: »Ich liebe Alltag und Regelmäßigkeit, ich brauche und suche das Wilde nicht.«

Es ist für diese Frau offenbar gerade nicht an der Reihe, das Wilde zu leben. Sie hat eine andere Phase, in der andere Qualitäten gefragt sind. Die Frau muß nicht immer und überall die wilde Frau sein.

Tamar war zuerst auch eine ganz normale Ehefrau. Erst als sie um ihr Recht betrogen wurde, hat sie die wilde Frau verwirklicht. So gibt es im Leben jeder Frau verschiedene Phasen, in denen sie jeweils andere archetypische Bilder betont. Immer dort, wo Frauen über die Unterdrückung durch Männer jammern oder wo sie sich selbst überfordern, indem sie sich den Erwartungen der anderen unterordnen, bräuchte es die wilde Frau, die ausbricht aus dem Teufelskreis von Erwartungen, die einfach tut, was sie für sich als richtig empfindet, die ihrer inneren Stimme folgt und mit Kraft und Klugheit das erreicht, was für sie lebensnotwendig ist.

Das Wilde in einer Frau läßt nämlich nicht zu, daß sie geschwächt wird, daß ihre Lebendigkeit beschnitten wird. Gerade das Leiden an der eigenen Situation kann eine Frau dazu bringen, sich leidenschaftlich dafür einzusetzen, daß sich ihr Leben zum Guten hin verändern kann. Wenn sie selbst aktiv wird und auch wagt, ungewohnte Wege zu gehen, wird sie erfahren, daß ihre weibliche Kraft sie zum Leben führt.

In ihrer Erfahrung von Leid findet die wilde Frau zur Urkraft ihres Weiblichen. Sie weiß, wann sie Vergangenes loslassen muß, um neues Leben zu gewinnen. Aus diesem inneren Wissen um den Wandel des Lebens kann sie ihrem Leid eine Kraft entgegensetzen. Sie weiß, sie ist nicht die erste und wird nicht die letzte sein, die an der gleichen Situation leidet. Ihr Urinstinkt sagt ihr, daß das Leben nie nur schwer ist. Sie sucht auch im Schweren noch das Leichte, und sie findet es. Es ist ihre innerste Kraft, die sie hervorholt, um das Schwere in ihrem Leben leichter zu tragen.

Um die wilde Frau in uns wiederzufinden, brauchen wir Bilder anderer Frauen, die frei geworden sind, und wir brauchen vor allem die Erinnerung an das Mädchen in uns, an Situationen, in denen wir uns noch ungebändigt und frei gefühlt haben. Unsere Aufgabe ist es, die Spontaneität und Unbefangenheit des Kindes mit der reifen Frau in uns zu verbinden.

Anselm: *Wie erlebst du die wilde Frau in dir? In welchen Situationen brauchst du sie vor allem? Und wie geht es dir mit dem Urteil deiner Umgebung, wenn du die wilde Frau in dir verwirklichst?*

Linda: *Als Kind habe ich von unserer Mutter sicher einiges an Anpassung erfahren, aber wenn sie mit ihren drei Schwestern zusammen war, war das für mich ein Bild für pralle Weiblichkeit. Die war kraftvoll und sehr lebenslustig, und diesem Bild wollte ich gerne folgen. Aber es gab Jahre, in denen die wilde Frau in mir nicht viel zu lachen hatte. Sie war zu sehr eingegrenzt. Natürlich ist sie immer wieder aufgeblitzt, aber ich habe sie nicht in ihrer vollen Kraft erlebt. Doch immer, wenn ich mich an das Mädchen in mir erinnert habe, war sie da, und je älter ich geworden bin, desto mehr habe ich dieses Ursprüngliche in mir wiedergefunden.*

Die wilde Frau hat mir geholfen, mich von vielem frei zu machen, was mir früher einmal wichtig war. Sie hat mir ein Gefühl dafür gegeben, wann es Zeit ist, Vergangenes loszulassen und für Neues offen zu werden. Die Seite der wilden Frau zeigt mir auch ganz deutlich, wie wichtig die Verbundenheit zu anderen Frauen ist. Die Kraft und die Lebenslust anderer Frauen zu erleben und mich daran stärken zu können ist immer bereichernd. Wenn ich mich mal erschöpft oder mutlos fühle, weiß ich, daß ich zu sehr auf Anpassung geschaut habe und zuwenig auf das Wilde in mir.

Aber genau das hält mich wach gegenüber meiner wahren Natur.

In Beziehungen brauche ich die wilde Frau, wenn andere mich vereinnahmen wollen oder wenn Menschen in einem Gespräch um den heißen Brei herumreden. Dann möchte ich die Dinge gern auf den Punkt bringen, denn nur so wird was lebendig. Ebenso brauche ich die wilde Frau auch besonders, wenn ich mal durchhänge. Dann ist es meine innere Stimme, die mir sagt: »Hör auf zu jammern, laß los, was vorbei ist, zieh deine Konsequenzen und werde aktiv.« Das gibt mir neue Kraft und Mut, etwas anzupacken und zu gestalten.

Das Urteil anderer über meine wilde Frau berührt mich heute weniger. Ich allein weiß, was für mich stimmt und was ich brauche. Die Menschen, die selbst Zugang zu dem Wilden in sich haben, fördern eher die wilde Frau in mir, sie werden sie auch nie eingrenzen. Wer innerlich frei ist, kann jeden anderen frei sein lassen. Das ist für mich persönlich ein wichtiger Aspekt der wilden Frau.

Nachwort

In meinen Seminaren zu »Königin und wilde Frau« stelle ich sieben Bilder des Weiblichen vor. Anselm hat sie mit Frauenbildern aus der Bibel verbunden und sieben weitere dazugesetzt. So haben wir 14 vielfältige Frauenbilder dargestellt, die zeigen wollen, was Weiblichkeit alles sein kann: Sie kann künstlerisch und weise, liebend und mütterlich, lachend und kämpferisch, königlich und wild sein. Weiblichkeit kann so bunt sein wie die Farben des Regenborgens.

Wenn wir von archetypischen Bildern sprechen, dann geht es um ein seelisches Erleben, das seit jeher die Menschen bewegt. In diesen Bildern sind Kräfte und Erfahrungen angesprochen, die jede Frau in sich trägt und durchlebt. Sie können einer Frau bewußt sein oder nicht, in jedem Fall drücken sie ihre Weiblichkeit aus. Die angesprochenen Archetypen decken gewiß nicht die ganze Vielfalt des Frauseins ab. Doch sie zeigen deutlich, was Frauen bewirken können, wenn sie sich nicht von anderen bestimmen lassen, sondern aus eigener Kraft leben. Sie sollen Mut machen, auch in schwierigen Situationen auf die eigenen Stärken zu vertrauen.

Diese Frauen in den 14 Bildern haben Verantwortung übernommen. Ihr Leben war ihnen etwas wert. Sie haben eine Entscheidung getroffen, und ihre Entscheidung hat neue Energien freigesetzt. Statt sich über die Situation zu beklagen, haben sie ihre Kräfte eingesetzt, um etwas zu verändern.

Doch diese Frauen waren keine Idealfrauen. Sie haben oft erst zu ihrer Stärke gefunden, nachdem sie ganz unten waren.

Sie haben Entwertung und Unrecht erfahren, sie haben Verlassenheit und Ohnmacht ausgehalten, bis sie bereit waren, sich aufzurichten. Sie haben lange auf Lösungen durch andere gewartet, bis die Not immer größer wurde. Erst dann haben sie erkannt, daß die Lösung in ihnen liegt. Sie haben gespürt, daß sie alle Kräfte in sich tragen, die sie brauchen, um ihre Not zu wenden.

Das ist für uns Frauen heute nicht anders. Auch wir kennen das Gefühl, Opfer der Umstände zu sein. Wir warten darauf, daß andere diese Umstände ändern. »Ich kann ja nicht«, haben mir Frauen oft gesagt, wenn sie sich als Opfer gefühlt haben. »Wenn mein Partner, mein Kind, mein Kollege, meine Situation anders wäre, dann würde es mir besser gehen.« Lieber leiden wir, anstatt unsere Aggression als Kraft einzusetzen und unsere Position zu verändern. Doch mit dieser Kraft bringen wir etwas in Bewegung. Auch andere müssen dann ihre Haltung verändern, es kann etwas Neues entstehen und lebendiger werden.

Die Kämpferin in uns würde dem Opfer sagen: »Setz deine Kraft ein und steh zu dir! Stell du hier deine Bedingungen und sage, was du brauchst!« Die Königin in uns würde dem Opfer deutlich machen: »Mach dich nicht klein! Richte dich auf und zeige deine Würde. Sei dir etwas wert. Achte deine Kräfte und übernimm Verantwortung für sie. Bestimme über dich selbst!«
 Die Kraft der wilden Fru würde uns aufrütteln: »Laß dein Liebsein und deine Nettigkeit hier sausen! Paß dich nicht an, wenn es dir dabei nicht gutgeht. Zeige deine feurige Seite, wenn jemand deine Grenzen überschreitet. Höre auf das, was dein Inneres dir sagt. Handle nach deinem Gespür und nicht nach dem, was von dir erwartet wird. Gib dir hier selbst das Recht auf Leben, es wird kein anderer für dich tun!« Wir haben eine reiche Palette, aus der wir entscheiden können, welche Seite unseres Frauseins uns stärkt und guttut.

Doch wie in den Frauenbildern gehen auch wir oft durch eine Zeit der Not, bis wir bereit sind, uns aufzurichten. Wir lassen zu, daß andere uns Schuldgefühle aufhängen, wenn wir einfach sein wollen, was wir sind. Wir bleiben im Groll hängen, weil das Leben anders gelaufen ist, als wir uns das vorgestellt haben. Wir lassen uns bewerten und uns damit unseren Wert nehmen. Wir halten etwas aus, ohne zu handeln, und verurteilen uns dafür, daß wir nicht handeln. Doch es ist wie in den archetypischen Bildern: Es kann gerade diese Zeit des Aushaltens sein, in der wir unsere inneren Kräfte sammeln, um uns dann zu erheben.

Wir müssen unsere Selbstverurteilung aufgeben. Wir meinen, unsere Schwäche dürfe nicht sein, wir müßten doch stark und souverän sein in unserem Leben. Aber wir sind keine Idealfrauen, sondern Frauen, die sich erfahren mit allem, was zu uns gehört. Wir sind wie Eva, die Mutter unseres Lebendigseins. Dazu gehört, daß wir auch mal das hilflose Mädchen sein dürfen. Dazu gehört, daß wir manchmal erst hinterher spüren, wenn jemand uns mit einer Bemerkung geschwächt hat, bis wir sensibel genug sind, es gleich zu spüren. Es gehört dazu, daß wir uns eingestehen, nicht in jeder Situation so zu handeln, wie wir es eigentlich wollen. Es ist die Kraft der Liebenden, die uns erst einmal annimmt, wo wir sind. Die weise Frau hilft uns, zu erkennen und zuzulassen, was ist. Sie weist uns den Weg, nicht hängenzubleiben im Selbstmitleid. Sie fordert uns auf, etwas dagegen zu tun. Und nur wir allein kennen unsere Natur, wir wissen, wann wir reif dafür sind, unsere Situation zu verändern. Es ist die wilde Frau in uns, die uns führt. Sie sagt uns, wann es Zeit ist, unsere Kraft und unsere Schönheit zu zeigen. Sie kennt die Natur, sie fordert nicht im Winter das Aufblühen der Knospen. Sie gibt sich die Zeit, bis ihr Aufbrechen reif ist, weil sie den Kräften ihrer Natur vertraut. Dieses Vertrauen in ihre Natur macht sie frei, ihre Entscheidung als Königin in ihrem Reich zu treffen.

In den Frauenbildern wird uns aufgezeigt, daß es immer wieder schwierige und unbefriedigende Situationen gibt. Diese Frauen haben sich nicht damit zufriedengegeben, daß es so ist. Sie haben sich dafür entschieden, ihre Kraft einzusetzen, um etwas zum Guten hin zu verändern. An ihnen können Frauen sich auch heute orientieren.

Wenn wir unserem weiblichen Gespür trauen, dann wissen wir, wann etwas überlebt und vorbei ist, dann wissen wir, wo etwas geschehen muß, um unsere Lage zu verbessern. Manchmal müssen wir erst alles verlieren, um die Liebe und die Wertschätzung für uns selbst zu finden. Aber dann ist diese Liebe zum Leben kraftvoll. Dann achten wir auf einmal unsere Gefühle und unsere Wünsche ans Leben. Diese Achtung bringt uns zum Handeln. Wir wissen wieder, daß niemand die Verantwortung für uns übernehmen kann außer wir selbst.

Auf unsere innere Stimme zu hören hat meist zur Folge, daß wir etwas verändern müssen. Doch der Drang, etwas Neues im Leben auszudrücken, verbindet sich oft mit der Angst, das Alte loszulassen. Wir fühlen uns dann zerrissen, weil wir nicht wissen, was uns wichtiger ist: die Angst vor dem Neuen oder die Lust auf das Neue? Die Königin in uns trifft ihre Entscheidung. Sie fragt nach dem Wert. Ist unser Wert Sicherheit und Vertrautes oder Risiko und Neugier? Sie entscheidet sich für das, was uns mehr bedeutet, wo wir mehr Lebendigkeit in uns spüren. Wir allein tragen die Verantwortung und die Konsequenz für unsere Entscheidung. Die Königin schwächt sich nicht selbst, indem sie im nachhinein sagt: Diese Entscheidung war falsch. Sie bewirkt, daß wir zu uns stehen. Wir haben eine Erfahrung gemacht und können mit dieser Erfahrung auch wieder neu entscheiden. Diese Frauen in der Bibel haben eigenständig gehandelt und die Konsequenz getragen. Das hat sie frei gemacht von früheren Abhängigkeiten. Sie sind Königin geworden in ihrem Reich, selbstverantwortlich und eigenständig.

In ihrem Leben haben diese Frauen auch immer wieder Geringschätzung des Weiblichen erfahren. Doch sie haben sich davon nicht bestimmen lassen. Sie haben zur eigenen Wertschätzung gefunden. Das kann uns Frauen auch heute leiten. Wir fühlen uns zwar geprägt durch christliche Werte in unserer Kultur, und wir kennen meist die Geschichten der Bibel, in denen Jesus den Frauen begegnet. Doch ihre Ausgabe haben wir oft nicht verinnerlicht. Das Verhalten Jesu den Frauen gegenüber ist klar und eindeutig: Er entwertet Frauen nicht und macht sie nicht klein. Er moralisiert nicht, wenn sie von gesellschaftlichen Normen abweichen, im Gegenteil, er achtet sie in ihrem weiblichen Wert. Er führt sie zur Achtung für sich selbst. Dadurch verändert sich ihr Leben.

Hierin kann für jede Frau ihre Orientierung liegen. Doch wie oft nehmen wir unseren eigenen Wert nicht an? Wir entscheiden uns statt dessen für Minderwertigkeit, die andere uns im Leben einmal zugewiesen haben. Es ist Zeit, daß wir uns von solchen menschlichen Begrenzungen frei machen und aus der Wertschätzung für uns selbst leben.

Wir leben nicht immer alle Bilder gleichzeitig, manchmal drücken wir nur einen Aspekt aus. Es geht auch nicht darum, immer die wilde Frau oder die Königin zu sein. Unsere Weiblichkeit ist vielseitig. Wir können in der jeweiligen Situation fragen: Welche Seite meines Frauseins fehlt mir hier? Ist es die weise Frau, die mir nicht nur meine äußeren Gegebenheiten aufzeigt, sondern die tiefer sieht und mir zu neuer Einsicht verhilft? Oder ist es die Kämpferin, die hier klar ihre Grenze ziehen muß, um ihre Würde als Frau zu schützen? Ist es die Wandlerin in mir, die spürt, was erstarrt ist, und sich wandeln muß? Brauche ich die Künstlerin, die einmal alle Pflichten beiseite läßt und sich dem Leichteren widmet? Welches Bild würde mir hier Kraft geben, wozu habe ich Lust, was würde mir Freude machen zu leben?

Unsere Kräfte sind uns gegeben, um sie einzusetzen und uns an ihnen zu freuen. Wir haben alle Facetten des Weiblichen in uns und können sie miteinander verbinden. Wenn ich Königin bin, bin ich wilde Frau und Lachende zugleich.

In diesem Sinne wünsche ich allen Frauen, die sich auf die 14 Bilder dieses Buches eingelassen haben, daß sie das Potential entdecken, das in ihrer Seele bereitliegt, und sie es für sich als spannende Aufgabe entdecken, genau dieses Potential immer mehr zu entfalten, um damit unsere Welt mit weiblichen Werten zu erfüllen und sie dadurch menschlicher zu machen – bunter, wärmer und liebevoller.

Wir möchten allen Frauen Mut machen, ihrem weiblichen Gespür zu trauen und ihre Stärken zu zeigen. Wir möchten sie dazu ermuntern, sich an ihrem Frausein zu freuen und zu leben, was sie SIND.

Literatur

Angelika Aliti: *Die wilde Frau, Rückkehr zu den Quellen weiblicher Macht und Energie*, Hamburg 1994.

Doris Bischof-Köhler/Norbert Bischof: *Der Beitrag der Biologie zu einer Anthropologie der Frau*, in: *Die Frau in der Sicht der Anthropologie und Theologie*, hrsg. von Herlinde Pissarek-Hudelist, Düsseldorf 1989, S. 91–119.

Jean Shinoda Bolen: *Göttinnen in jeder Frau, Psychologie einer neuen Weiblichkeit*, München 1997.

Jean Shinoda Bolen: *Feuerfrau und Löwenmutter, Göttinnen des Weiblichen*. Düsseldorf/Zürich 2002.

Yolanda Cadalbert-Schmid: *Sind Mütter denn an allem schuld?*, Kösel, München 1992.

Ulrike Dahm: *Die Kraft des Nein, Wegweiser zur Entscheidungsfreiheit für Frauen*, München 1997.

Clarissa P. Estés: *Die Wolfsfrau. Die Kraft der weiblichen Urinstinkte*, München 1993.

Erich Fromm: *Die Kunst des Liebens*, München 1995.

Hanna-Barbara Gerl: *Die bekannte Unbekannte. Frauen-Bilder in der Kultur- und Geistesgeschichte*, Mainz 1989.

Esther Harding: *Frauen-Mysterien einst und jetzt*, Berlin 1982.

Nina Larisch-Haider: *Frau sein – Mann sein. Der Weg zu einem neuen Verständnis*, München 1996.

Janne Haaland Matlary: *Blütezeit. Feminismus im Wandel*, Augsburg 2001.

Magda Motté: *Esthers Tränen, Judiths Tapferkeit. Biblische Frauen in der Literatur des 20. Jahrhunderts*, Darmstadt 2003.

Erich Neumann: *Die große Mutter. Eine Phänomenologie der weiblichen Gestaltungen des Unbewußten*, Olten 1974.

Annemarie Ohler: *Frauengestalten der Bibel*, Würzburg 1987.

Helmut Plessner: *Lachen und Weinen*, Tübingen 1941.

Ingrid Riedel: *Die weise Frau in Märchen und Mythen*, München 1995.

Maria Schwelien/Elisabeth Moltmann-Wendel/Barbara Samer: *Erde – Quelle – Baum. Lebenssymbole in Märchen*, Stuttgart 1994.

Aurelia Spendel: *Mit Frauen der Bibel den Glauben feiern*, Freiburg 2002.

K. Thaede: *Frau*, in: RCA, S. 197–269.

Karin Walter: *Frauen entdecken die Bibel*, Freiburg 1986.

Alfons Weiser: *Die Frau im Umkreis Jesu und in den urchristlichen Gemeinden*, in: *Die Frau in der Sicht der Anthropologie und Theologie*, hrsg. von Herlinde Pissarek-Hudelist, Düsseldorf 1989, S. 120–137.

Marion Woodman: *Heilung und Erfüllung durch die Große Mutter*, Interlaken 1987.

Die Ratgeber von Anselm Grün bei dtv

»Der Benediktinermönch betreibt
Lebensphilosophie für Millionen.«
Süddeutsche Zeitung

Du bist ein Segen
ISBN 978-3-423-34474-6
Anselm Grün entfaltet Aspekte des Segens, die die Bibel anbietet und gibt in diesem Buch auch ganz persönliche Segensworte.

Ich wünsch Dir einen Freund
ISBN 978-3-423-34441-8
Nach Anselm Grün »bedarf jeder Mensch neben der Liebe die Freundschaft, wenn er nicht Schaden an seiner Seele nehmen will.«

Damit Dein Leben Freiheit atmet
Reinigende Rituale für Körper und Seele
ISBN 978-3-423-34392-3

Leben und Beruf
Eine spirituelle Herausforderung
ISBN 978-3-423-34534-7

Menschen führen – Leben wecken
Anregungen aus der Regel Benedikts von Nursia
ISBN 978-3-423-34277-3

Die zehn Gebote
Wegweiser in die Freiheit
ISBN 978-3-423-34555-2
Die zehn Gebote, Grundpfeiler der christlichen Ethik, geben uns Sicherheit und Orientierung in einer Welt voller Möglichkeiten und Meinungen.

Königin und wilde Frau
Lebe, was du bist!
ISBN 978-3-423-34585-9
Facetten der Weiblichkeit, die in jeder Frau stecken, stellen Anselm Grün und seine Schwester Linda Jarosch an 14 biblischen Archetypen dar.

Die hohe Kunst des Älterwerdens
ISBN 978-3-423-34624-5
Anselm Grün schildert einfühlsam die Herausforderungen des Älterwerdens und zeigt die darin liegenden Chancen auf.

Kämpfen und lieben
Wie Männer zu sich selbst finden
ISBN 978-3-423-34638-2
Anselm Grün richtet seinen Fokus auf männliche Gestalten der Bibel, die dem Leser den Weg zum Mannsein weisen können.

Bitte besuchen Sie uns im Internet: www.dtv.de

Spiritualität bei dtv

Dalai Lama
Der Weisheit des Herzens folgen
Warum Frauen die Zukunft gehört
Übers. v. E. Liebl
ISBN 978-3-423-24803-7

Die heilende Kraft der Gefühle
Gespräche mit dem Dalai Lama
Hg. v. D. Goleman
Übers. v. F. R. Glunk
ISBN 978-3-423-36178-1

Khalil Gibran
Der Prophet
Übers. v. D. und G. Bandini
ISBN 978-3-423-36261-0

Der Traum des Propheten
Lebensweisheiten
Übers. v. D. und G. Bandini
ISBN 978-3-423-34144-8

Der Gesang des Propheten
Hg. v. Bettina Lemke
Übers. v. D. Bandini
ISBN 978-3-423-34451-7

Der Wanderer
Übers. v. D. und G. Bandini
ISBN 978-3-423-34535-4

Christian Jostmann
Nach Rom zu Fuß
Geschichte einer Pilgerreise
ISBN 978-3-423-34622-1

Anselm Grün
Menschen führen – Leben wecken
ISBN 978-3-423-34277-3

Damit dein Leben Freiheit atmet
Reinigende Rituale für Körper und Seele
ISBN 978-3-423-34392-3

Du bist ein Segen
ISBN 978-3-423-34474-6

Leben und Beruf
Eine spirituelle Herausforderung
ISBN 978-3-423-34534-7

Die Zehn Gebote
Wegweiser in die Freiheit
ISBN 978-3-423-34555-2

Die hohe Kunst des Älterwerdens
ISBN 978-3-423-34624-5

Anselm Grün, Linda Jarosch
Königin und wilde Frau
Lebe, was du bist!
ISBN 978-3-423-34585-9

William Hart
Die Kunst des Lebens
Vipassana-Meditation nach S. N. Goenka
Übers. v. H. Bartsch
ISBN 978-3-423-34338-1

Bitte besuchen Sie uns im Internet: www.dtv.de

Spiritualität bei dtv

Bettina Lemke
Der kleine Taschenbuddhist
ISBN 978-3-423-**34568**-2

Andrea Löhndorf
Anleitung zum Pilgern
Ein Lebensbegleiter
ISBN 978-3-423-**34589**-7

Marie Mannschatz
Buddhas Anleitung zum Glücklichsein
Fünf Weisheiten, die Ihren Alltag verändern
ISBN 978-3-423-**34587**-3

Sakyong Mipham
Den Alltag erleuchten
Die vier buddhistischen Königswege
Übers. v. Stephan und Maike Schuhmacher
ISBN 978-3-423-**24586**-9

Wie der weite Raum
Die Kraft der Meditation
Übers. v. Stephan Schuhmacher
ISBN 978-3-423-**24445**-9

John Penberthy
To Bee or Not to Bee
Das größte Geschenk ist die Gegenwart
Übers. v. Bettina Lemke
ISBN 978-3-423-**34590**-3

Drukpa Rinpoche
Tibetische Weisheiten
Lebensweisheiten eines tibetischen Meditationsmeisters
Übers. v. S. Schuhmacher
ISBN 978-3-423-**36143**-9

Weisheiten der Bibel
Hg. v. I. Seidenstricker
ISBN 978-3-423-**34270**-4

Worte, die wirken
Weisheiten für den Augenblick
Hg. v. I. Seidenstricker
ISBN 978-3-423-**34435**-7
Ausgabe in besonderer Ausstattung
ISBN 978-3-423-**34649**-8

Worte, die stärken
Weisheiten für den Augenblick
Hg. v. I. Seidenstricker
ISBN 978-3-423-**34503**-3

Worum es wirklich geht
Die großen Wahrheiten
Hg. v. Iris Seidenstricker
ISBN 978-3-423-**34588**-0

Was wirklich zählt
Die tiefen Wahrheiten
Hg. v. Iris Seidenstricker
ISBN 978-3-423-**34623**-8

Bitte besuchen Sie uns im Internet: www.dtv.de

John O'Donohue im dtv

Anam Ċara
Das Buch der keltischen Weisheit
Übersetzt von Ditte und Giovanni Bandini
ISBN 978-3-423-34639-9

Anam ist das gälische Wort für Seele, Ċara heißt Freund. Anam Ċara bedeutet also »Seelenfreund«. Die Kelten besaßen eine tiefe Einsicht in das Wesen der Liebe und der Freundschaft. John O'Donohue enthüllt in diesem Buch keltische Geheimnisse, die die Leser in unserer hektischen Zeit in harmonischen Einklang mit der Welt bringen.

Echo der Seele
Von der Sehnsucht nach Geborgenheit
Übersetzt von Ditte und Giovanni Bandini
ISBN 978-3-423-24180-9

Noch nie war der Hunger nach Zugehörigkeit so quälend wie heute. Die Geborgenheit, die wir in der Zugehörigkeit erfahren, schenkt uns Kraft; sie bestätigt in uns eine Stille und Gewissheit des Herzens, und sie versichert uns des Bodens, auf dem wir stehen.

Vom Reichtum des Lebens
Die Schönheit erwecken
Übersetzt von Sabine Hübner
ISBN 978-3-423-34410-4

John O'Donohue zeigt dem Leser auf seine einzigartige Weise, wie viele Facetten von Schönheit uns im täglichen Leben begegnen und welche Kraft man daraus schöpfen kann. Schönheit ist die Harmonie der Welt und erweist sich als Schlüssel zum größten Mysterium: der Erfahrung Gottes. Für alle, die ihr Leben um positive Impulse bereichern wollen.

»Wunderbar!«
Buchhändler heute

»Wer sich auf den irischen Dichter-Philosophen einlässt, wird zweifellos als ein anderer aus diesem Experiment hervorgehen.«
Die Welt

Bitte besuchen Sie uns im Internet: www.dtv.de

Hilfe zur Selbsthilfe

Peter Angst
Ehen zerbrechen leise
Ein Frühwarnsystem für Paare
ISBN 978-3-423-34028-1

Gene D. Cohen
Geistige Fitness im Alter
So bleiben Sie vital und kreativ
Mit einem Vorwort von
Manfred Spitzer
ISBN 978-3-423-34530-9

Christine Eichel
Die Liebespflicht
Zwischen hilfsbedürftigen
Eltern und noch nicht
erwachsenen Kindern
ISBN 978-3-423-34565-1

Christoph Emmelmann
Das kleine Lachyoga-Buch
Mit Lach-Übungen zu Glück
und Entspannung
ISBN 978-3-423-34429-6

Roland R. Geisselhart u.a.
Das perfekte Gedächtnis
Der schnelle Weg zum
Superhirn
ISBN 978-3-423-36525-3

Ernstfried Hanisch
**In jeder Mücke steckt
ein Elefant**
Gute Gründe, sich über
Kleinigkeiten aufzuregen
ISBN 978-3-423-24740-5

Gene C. Hayden
**Bleib dran, wenn dir was
wichtig ist**
Die Kunst, Zweifel zu überwinden und Ziele konsequent
zu verfolgen
Übers. v. B. Lemke
ISBN 978-3-423-24837-2

Marie-France Hirigoyen
**Die Masken der
Niedertracht**
Seelische Gewalt im Alltag
und wie man sich dagegen
wehren kann
Übers. v. M. Marx
ISBN 978-3-423-36288-7

Mathias Jung
Trennung als Aufbruch
Bleiben oder gehen? Ein
Ratgeber aus der Praxis
ISBN 978-3-423-34335-0

Thomas Hohensee
Der innere Freund
Sich selbst lieben lernen
ISBN 978-3-423-24679-8
Sehnsucht
Die Suche nach dem vollkommenen Glück
ISBN 978-3-423-24773-3
Entspannt wie ein Buddha
Die Kunst, über den Dingen
zu stehen
ISBN 978-3-423-24836-5

Bitte besuchen Sie uns im Internet: www.dtv.de

Hilfe zur Selbsthilfe

Peter F. Kinauer
So macht Arbeit Spaß
60 Impulse für mehr
Motivation im Job
ISBN 978-3-423-34550-7

Helmut Kolitzus
**Das Anti-Burnout-
Erfolgsprogramm**
Gesundheit, Glück und
Glaube
ISBN 978-3-423-34013-7

Arnold A. Lazarus
Clifford N. Lazarus
Der kleine Taschentherapeut
In 60 Sekunden wieder o. k.
Übers. v. C. Trunk
ISBN 978-3-423-34315-2

Ute Lauterbach
**Werden Sie Ihr eigener
Glückspilot**
Ganz und anders leben
ISBN 978-3-423-34353-4

Hans-Joachim Maaz
Die Liebesfalle
Spielregeln für eine neue
Beziehungskultur
ISBN 978-3-423-34621-4

Doris Märtin
Gut ist besser als perfekt
Die Kunst, sich das Leben
leichter zu machen
ISBN 978-3-423-34462-3

Marie Mannschatz
**Buddhas Anleitung zum
Glücklichsein**
Fünf Weisheiten, die Ihren
Alltag verändern
ISBN 978-3-423-34587-3

Hans Morschitzky, Sigrid Sator
Die zehn Gesichter der Angst
Ein Handbuch zur Selbsthilfe
ISBN 978-3-423-34226-1

Ursula Nuber
Depression
Die verkannte Krankheit
ISBN 978-3-423-34272-8

Heinz-Peter Röhr
Weg aus dem Chaos
Die Borderline-Störung
verstehen
ISBN 978-3-423-34286-5

Wege aus der Abhängigkeit
Destruktive Beziehungen
überwinden
ISBN 978-3-423-34463-0

**Die Angst vor
Zurückweisung**
Was Hysterie wirklich ist und
wie man mit ihr umgeht
ISBN 978-3-423-34620-7

Lothar Seiwert
Das Bumerang-Prinzip
Mehr Zeit fürs Glück
ISBN 978-3-423-34130-1

Bitte besuchen Sie uns im Internet: www.dtv.de

Hilfe zur Selbsthilfe

Barbara Sher
Wishcraft
Wie ich bekomme, was ich wirklich will
Übers. v. G. Schwarzer
ISBN 978-3-423-34618-4

Lebe das Leben, von dem du träumst
Übers. v. G. Schwarzer
ISBN 978-3-423-24585-2

Du musst dich nicht entscheiden, wenn du tausend Träume hast
Übers. v. B. Lemke
ISBN 978-3-423-24654-5

Barbara Sher
Barbara Smith
Ich könnte alles tun, wenn ich nur wüsste, was ich will
Übers. v. G. Schwarzer
ISBN 978-3-423-24448-0

Viktor Sommer
Jetzt ist es genug!
Leben ohne Alkohol
ISBN 978-3-423-34222-3

John Selby
Die Liebe finden
Wie Sie Ihrem Wunschpartner begegnen
ISBN 978-3-423-34424-1

Was mich stark macht
Mehr Lebensqualität durch Mind-Management
Übers. v. B. Lemke
ISBN 978-3-423-24363-6

Arbeiten ohne auszubrennen
Spirituelle Techniken für den Berufsalltag
Übers. v. K. Petersen
ISBN 978-3-423-34060-1

Bärbel Wardetzki
Ohrfeige für die Seele
Wie wir mit Kränkung und Zurückweisung besser umgehen können
ISBN 978-3-423-34057-1

Mich kränkt so schnell keiner!
Wie wir lernen, nicht alles persönlich zu nehmen
ISBN 978-3-423-34173-8

Bitte besuchen Sie uns im Internet: www.dtv.de